MIX
Papier aus verantwor-
tungsvollen Quellen
FSC® C002795

Originalausgabe
© 2018 Dressler Verlag GmbH, Poppenbütteler Chaussee 53, 22397 Hamburg
ellermann im Dressler Verlag · Hamburg
Alle Rechte vorbehalten
Einband von Heike Vogel
Satz: Satz für Satz, Wangen im Allgäu
Druck und Bindung: Livonia Print SIA, Ventspils iela 50, LV-1002 Riga, Lettland
Printed 2018
ISBN 978-3-7707-0087-5

www.ellermann.de

Meine liebsten Fünf-Minuten- Geschichten zur guten Nacht

ellermann im Dressler Verlag GmbH · Hamburg

Inhalt

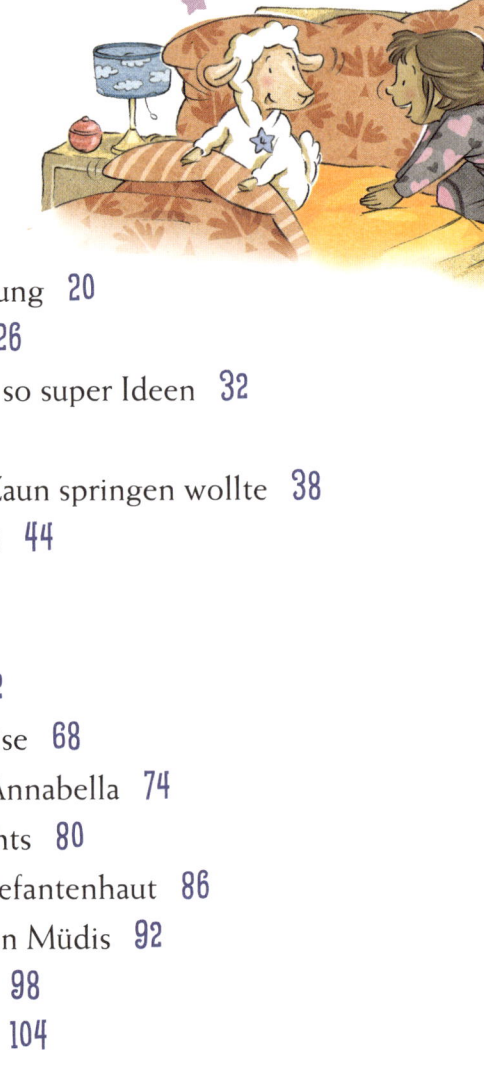

Die sternlose Nacht

Hannah hatte selten eine so pechschwarze Nacht wie diese erlebt. Eigentlich sogar noch nie. Wären die Straßenlaternen nicht gewesen und die Scheinwerfer der Autos, man hätte die eigene Hand nicht vor Augen gesehen, so dunkel war es. Kein einziger Stern war am Himmel zu sehen.

Aber das machte Hannah nichts aus, denn sie war nicht allein. Mit ihrem Papa war sie unterwegs zur Sternwarte. Schon vor Längerem hatte er ihr versprochen, ihr dort einmal die Sterne zu zeigen. Mit dem großen Fernrohr, das sich in dem kuppelförmigen Gebäude befand, konnte man die Sterne dichter heranholen und viel mehr von ihnen sehen als mit dem bloßen Auge.

Hannah und ihr Papa betraten die Sternwarte, und schon da merkte Hannah, dass etwas nicht stimmte. Zwei Männer und eine Frau standen vor dem Fernrohr und schüttelten fassungslos die Köpfe.

»Völlig rätselhaft«, murmelte die Frau.

»Nicht zu glauben«, sagte der Mann.

»Unfassbar!«, rief der andere und raufte sich die Haare.
»Stimmt etwas nicht?«, fragte Hannah und trat zu ihnen.
»Schau selbst, und sag mir, was du siehst«, sagte die Frau
und schob Hannah zum Fernrohr. Das Mädchen sah
hindurch.

»Seltsam, ich sehe überhaupt nichts«, stellte Hannah fest. »Alles ist schwarz.«

Einer der Wissenschaftler nickte bedenklich. »Du sagst es. Es ist nichts zu sehen. Alle Sterne sind wie verschluckt, fast als hätte es sie nie gegeben.«

»Aber«, sagte Hannahs Papa, »die Sterne können doch nicht einfach verschwunden sein.«

»Tja, das ist es ja, was wir nicht verstehen«, entgegnete die Frau, die natürlich ebenfalls eine Wissenschaftlerin war. »Es ist normal, dass man an einem Abend mit vielen Wolken die Sterne nicht gut erkennen kann, aber heute Nacht sind keine Wolken am Himmel, und trotzdem fehlt jedes Funkeln.«

»Eigentlich sind wir deswegen hier, um die Sterne zu sehen«, sagte Hannah.

»Hoffentlich finden Sie bald heraus, was geschehen ist«, sagte Hannahs Papa.

»Ja, das hoffen wir auch«, sagte die Frau besorgt, und zu Hannah gebeugt fügte sie hinzu: »Es tut mir leid, dass du umsonst gekommen bist, bitte versuch es bald wieder.«

Dann verabschiedeten sich Hannah und ihr Vater von den

Wissenschaftlern und spazierten durch die sternlose Nacht. Die Sternwarte lag etwas außerhalb der Stadt, und Hannah lebte mit ihren Eltern nicht weit entfernt. Trotzdem mussten sie ein ganzes Stück laufen.

Auf dem Nachhauseweg war Hannah sehr nachdenklich. Was würde geschehen, wenn die Sterne verschwunden blieben? Konnte sie sich überhaupt einen Himmel ohne Sterne vorstellen?

Papa und Hannah schauten immer wieder nach oben, wo nur der einsame Mond leuchtete. Papa erzählte Hannah, dass manche Sterne so zusammenstanden, dass sie Figuren bildeten.

»Einige Sterne sehen aus wie ein großer Wagen, und andere erinnern an einen Schwan«, erklärte Papa, während er sich im Dunkeln vorsichtig vorantastete – die Straßenlaternen waren hier nicht besonders hell. »Vor Tausenden von Jahren haben sich die Menschen anhand der Sternbilder Geschichten erzählt. Der Sternenhimmel ist vielleicht das älteste Bilderbuch der Welt.«

»Du meinst wohl, das war es mal«, sagte Hannah. Wenn sie an die fehlenden Sterne dachte, wurde sie ganz traurig. Der Himmel wirkte so leer ohne sie. Hannah und ihr Papa kamen an eine Wiese und mussten noch langsamer gehen, weil es hier gar keine Laternen gab. Auf einmal blieb Hannah stehen, denn im Gras glimmte etwas. War das vielleicht der Mondschein, der sich in einer großen Pfütze spiegelte? Aber nein, dafür war es zu hell.

»Komm, Papa, das müssen wir uns näher ansehen«, sagte Hannah, und bevor Papa überhaupt antworten konnte, war sie schon losgestapft, quer über die Wiese.

»Du kannst dir nicht vorstellen, was ich gefunden habe!«, rief Hannah ihm kurz darauf zu. Sie stand vor einem rätselhaften Ding. Papa holte sie ein und blickte verblüfft ins Gras. »Ist das etwa ein richtiger, echter Stern?«

Hannah nickte. »Ja, ich glaube schon.«

Der Stern sah aus, wie ein Stern aussehen musste. Er leuchtete, hatte fünf Zacken und blinkte ihr freundlich zu.

»Ich … ich glaube, wir müssen die Polizei rufen«, stammelte Papa und fischte nach seinem Handy. »Oder die Sternwarte.«

»Warte«, sagte Hannah. »Ich glaube, der Stern will uns was sagen.« Und sie beugte sich über ihn, woraufhin der Stern nur noch schneller blinkte. Hannah lächelte. »Lass dein Handy stecken, Papa«, sagte sie, und dann nahm sie den Stern in die Hände und warf ihn so weit in die Luft, wie sie konnte. Und der Stern flog in den Himmel hinauf.

Hannah sah sich um. Überall auf der Wiese wurde es nun hell, und es blinkte. Hannah ahnte, was das bedeutete. »Sie wollen alle zurück«, sagte sie, und dann ging sie von Stern zu Stern, und sie warf jeden einzelnen so hoch sie konnte. Papa half ihr dabei. Die Wiese wurde immer dunkler, der Himmel heller. Und als Hannah und Papa schließlich wieder zu Hause waren, standen alle Sterne wieder an ihrem Platz.

Hannah schaute ein letztes Mal vor dem Schlafengehen aus dem Fenster. Ihre Eltern standen hinter ihr. »Papa, was ist denn das?«, rief Hannah und zeigte auf den Himmel. Einige Sterne standen so zusammen, dass sie ein großes H bildeten.

»Na, so was«, sagte ihr Papa. »Das sieht ganz nach einem neuen Sternbild aus. Ich glaube, das H steht für Hannah, und es ist ein Dankeschön an dich, weil du ihnen geholfen hast.«

Da freute sich Hannah, und sie beschloss, später Sternenforscherin zu werden.

Ein kleines Monster

Mitten im unendlichen Ozean suchte Piratin Piranha einen Schatz. Seit Wochen segelte sie nun schon mit ihrer Mannschaft über das Meer – und inzwischen war sie ziemlich schlechter Laune.

»Wo kann denn diese blöde Insel nur sein, zum verfaulten Brackwasser noch mal?«, fluchte sie.

Die anderen Piraten gingen in Deckung, denn wenn die Kapitänin wütend war, fuchtelte sie manchmal wild mit ihrem Säbel herum. Aber diesmal starrte sie nur durch das Fernglas.

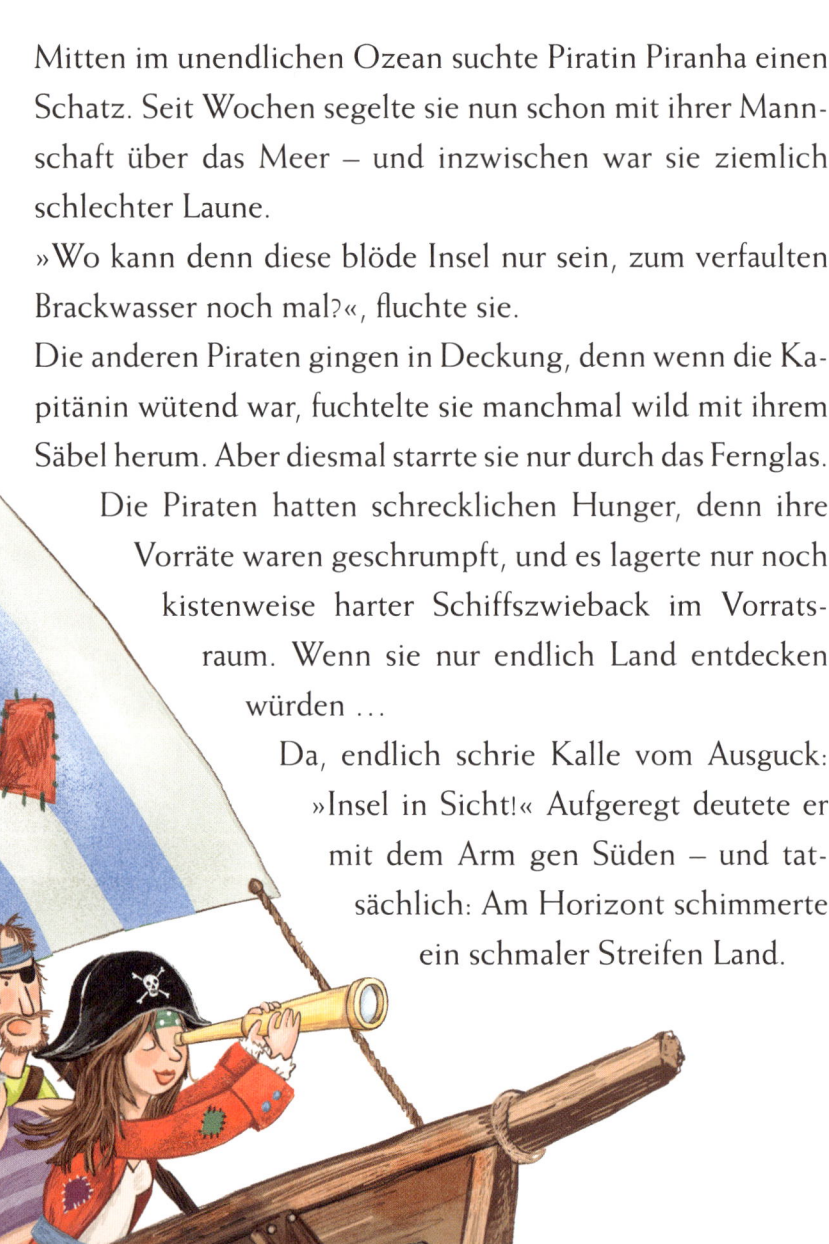

Die Piraten hatten schrecklichen Hunger, denn ihre Vorräte waren geschrumpft, und es lagerte nur noch kistenweise harter Schiffszwieback im Vorratsraum. Wenn sie nur endlich Land entdecken würden …

Da, endlich schrie Kalle vom Ausguck: »Insel in Sicht!« Aufgeregt deutete er mit dem Arm gen Süden – und tatsächlich: Am Horizont schimmerte ein schmaler Streifen Land.

»Backbord!«, brüllte Piratin Piranha und kletterte sofort ganz vorn auf die Bugspitze.

Es dauerte aber noch eine ganz Weile, bis sie vor Anker gehen und mit den Beibooten an Land rudern konnten.

Kalle räusperte sich. »Wo ist denn der zweite Teil der Schatzkarte?«, fragte er vorsichtig.

Piratin Piranha funkelte ihn zornig an. »Du weißt genau, dass ich nur die Inselkarte habe. Den zweiten Teil der Karte finden wir auf der Insel, hat mein Opa damals gesagt. Also still jetzt.«

Kalle schwieg lieber. Er kannte die Geschichte von Piranhas Opa und seinem Schatz, den er auf einer weit entfernten Insel versteckt haben soll. Die Piratin hatte lange seeräubern müssen, bis sie endlich ein großes Schiff gekapert und genügend Piraten und Vorräte beisammenhatte, um so weit zu segeln. Kalle selbst glaubte nicht wirklich, dass der Opa seine Schätze hier vergraben hatte.

»Das ist alles nur Seemannsgarn«, brummelte er in seinen Bart. »Wir werden nichts finden, vielleicht nicht mal den Rückweg.«

Tsching!

Im nächsten Moment blitzte der Säbel der Piratenkapitänin im letzten Dämmerlicht der untergehenden Sonne auf.

»Was hast du gesagt?«, fragte sie streng.

»Ach… äh… nichts«, sagte Kalle rasch und lächelte schief.

Mit gezückten Säbeln gingen die Piraten an Land. Wer wusste schon, ob hier wilde Tiere hausten! In kleinen

Gruppen durchforsteten sie die Insel. Bald ertönte der erste Schrei: »Jippiie!«

Aber es war kein Goldschatz, den Kalle und die anderen gefunden hatten – es waren Mangos! Leckere, frische Früchte – so etwas hatten sie seit Wochen nicht gegessen!

Dann der nächste Schrei: »Kokosnüsse!«

So ging es weiter. Ein Pirat nach dem anderen blieb irgendwo stehen und futterte, was das Zeug hielt.

Und Piratin Piranha – schimpfte die?

Nein. Zunächst hatte sie tapfer weitergesucht, aber als sie im Unterholz Ananas entdeckte, hatte auch sie nicht widerstehen können.

Gähnend trafen sich die Piraten am Strand wieder.

»Bisher haben wir nur Obst gefunden«, sagte Hannes müde.

»Ich bin recht weit vorgedrungen«, erzählte Piratin Piranha. »Aber keine Höhlen, und auch keine Reste von Flaschen oder Fässern oder irgendein Zeichen, dass ein Pirat die Insel betreten hat. Und eine Schatzkarte schon gar nicht. Ich glaube fast, dass …«

Weiter kam sie nicht. Sie schnarchte nur noch. Das machte nichts, denn die anderen Piraten waren auch längst im warmen Sand eingeschlafen.

Am nächsten Morgen erwachte Kalle zuerst. Etwas berührte ihn an der Schulter. Er öffnete ein Auge – und sah direkt in ein braunes Gesicht mit zwei runden Augen.

»Ahh – wilde Tiere, Monster, Angreifer!«, schrie Kalle und sprang hektisch auf.

Die anderen Piraten wachten auf – und lachten ihn kräftig
aus.

»Monster?«, spottete Piratin Piranha. »Hast du noch nie
eine Schildkröte gesehen?«

Kalle klopfte sich beleidigt den Sand von der Hose. »Die
wollte mich fressen«, sagte er beleidigt.

Piratin Piranha schubste ihn lachend zur Seite. Dann beugte
sie sich zu der Schildkröte hinab. Und so ungehobelt die
Kapitänin sonst auch sein mochte, zu Tieren war sie stets
sehr freundlich.

»Alles gut, Kleiner?«, fragte sie sanft. »Tut mir leid, Kalle
meint das nicht so. Du hast nicht zufällig eine …« Sie ver-
stummte.

Was war denn das? Auf dem Rücken der Schildkröte waren
irgendwelche Zeichen zu sehen. Die Piratin betrachtete den
dunkelgrünen Panzer. Vom Wetter zwar verwaschen und

verkratzt, aber noch erkennbar, war dort mit schwarzer Farbe etwas aufgemalt worden …

»Die Karte«, jubelte die Piratin.

Sie brauchten eine Weile, um die Karte zu entziffern, aber schließlich hatten sie alles erkannt und fanden mitten auf der Insel die drei aneinandergewachsenen Palmen und die acht kleinen Steine, die einen großen Kreis bildeten.

»Grabt!«, befahl Piranha.

Und die Piraten gruben. Sie schwitzten und keuchten und hackten und …

»Hier ist was«, brüllte Hannes plötzlich. »Eine Kiste!«

Da war nicht nur eine Kiste – es waren ein Dutzend! Und die Kisten waren voller Goldtaler, Perlen, Schmuck, goldener Becher, silberner Messer – ein unglaublicher Schatz.

Die Piraten jauchzten und tanzten und bewarfen sich mit dem Gold.

»Ach, Opa, du Guter!«, seufzte Piratin Piranha.

Sie blieben noch drei ganze Wochen auf der Insel. Dann räumten sie den Schatz bis auf den letzten Goldtaler ins Schiff. Außerdem schleppten sie Berge von Früchten an Bord. Und natürlich das uralte kleine Monster, das ihnen so viel Glück gebracht hatte.

Prinzessinnen-Spezialführung

Mama steht am Fuß der Treppe und klimpert mit dem Schlüsselbund. »Jule! Wo bleibst du denn? Wenn du dich nicht beeilst, findet die Führung ohne uns statt!«

Das will Jule auf keinen Fall! Aber ohne die richtige Kleidung gehen kommt auch nicht infrage. Sie schließt die Schnalle des blauen Samtumhangs und rückt mit einem letzten Blick in den Spiegel die Krone zurecht.

»Bin schon fertig!«, ruft sie und läuft die Stufen hinunter, so schnell sie das in ihrem langen Kleid kann.

»Wie siehst du denn aus?«, fragt Mama und guckt, als hätte sie gerade ein Marsmännchen gesichtet. »Fasching ist doch schon lange vorbei.«

Mit hoch erhobenem Kopf stolziert Jule an ihr vorbei. »Fasching. Pah! Ich muss doch richtig angezogen sein, wenn wir eine echte Burg besichtigen.«

»Aha«, sagt Mama und schüttelt den Kopf. »Na gut, jetzt ist eh keine Zeit mehr zum Umziehen. Steig schnell ein, Papa wartet schon.«

Als Papa Jule sieht, grinst er übers ganze Gesicht, springt aus dem Auto und öffnet mit einer tiefen Verbeugung die hintere Tür. »Darf ich Euch beim Einsteigen behilflich sein, Hoheit? Hoffentlich sitzt Ihr bequem in unserer Kutsche.«

Gnädig lächelnd rutscht Jule in ihren Sitz. Zum Glück hilft

Papa heute beim Anschnallen. Mit dem ganzen Umhang-
und-Kleid-Wirrwarr ist es gar nicht so leicht, den Gurt richtig einzustecken. Früher in den Kutschen gab es bestimmt
keine Sicherheitsgurte.

Papa schnalzt beim Fahren mit der Zunge, als würde er die
Pferde antreiben. Mama schnalzt nicht, sondern verdreht
die Augen. Endlich kann Jule die Burg sehen! Sie steht oben
auf einem Berg und sieht fast aus
wie das Prinzessinnenschloss in
ihrem Buch, nur ein bisschen

verfallener. Kaum haben sie auf dem Park-
platz angehalten, springt Jule aus dem
Auto – und verheddert sich in ihrem
Rock. Zum Glück hält Papa sie
am Arm fest und fragt: »Darf
ich Eure Schleppe tragen?«
Jule nickt. »Aber nur, wenn
du nicht so trödelst.«

»Hier trödelt keiner! Wir müssen schnell zur Kasse, sonst
verpassen wir die Führung«, sagt Mama und läuft mit großen
Schritten los.
Das Kassenhäuschen steht neben dem Burgtor.
Außer Eintrittskarten gibt es hier auch Bücher,
Postkarten, Ritterfiguren und Regenschirme.
Und ganz hinten, in der Ecke, hängen Prin-
zessinnenkleider neben Ritterkostümen, es gibt
Helme, Schwerter und Kronen.
»Siehst du?«, sagt Jule zu Mama und zeigt auf die
Sachen. »Jetzt müssen wir hier nichts kaufen, weil ich alles
dabeihabe.«
»Sehr klug von dir«, sagt Papa.
Mama hat die Eintrittskarten bezahlt. Die drei schließen sich
der Gruppe an, die auf die Burgführung wartet.
»Herzlich willkommen auf Burg Sonnenfels«, sagt
die Frau, die kurz darauf das hohe Tor öffnet. Jule
schnappt nach Luft. Die Frau hat ein Kleid an,
das fast so aussieht wie ihres! Allerdings trägt

sie statt einer Krone einen spitzen Hut mit Schleier. »Ich bin Burgfräulein Rita.« Sie sammelt die Eintrittskarten ein, zählt sie durch und sagt: »Neunzehn Erwachsene und eine Prinzessinnen-Spezialführung?«

Jule nickt, dass ihre Krone hin und her wippt.

Zuerst gehen sie in den Rittersaal. »Wenn der König hier zu Besuch war, hat er auf dem hölzernen Thron dort gesessen. Und weil es ein echt königlicher Stuhl ist, darf nur eine Prinzessin darauf Probe sitzen«, sagt Burgfräulein Rita.

Rasch krabbelt Jule auf den großen Stuhl mit dem roten Polster. Ja, hier sitzt sie gut, während Burgfräulein Rita alle anderen Sachen im Rittersaal erklärt.

Dann gehen sie in die große Halle. Hier fanden früher Feste statt. Burgfräulein Rita erzählt, dass Musiker spielten und alle tanzten. »Vor allem natürlich Prinzessinnen und Burgfräulein«, sagt sie lachend, nimmt Jule bei den Händen und wirbelt sie durch den Raum. Alle klatschen, als sie ihren Tanz beenden.

»Jetzt wird es geruhsamer«, sagt Rita und führt die Gruppe in die

Küche. Jule darf das Feuer im Ofen anzünden und aus Teig kleine Brötchen formen.

Jeder darf ein Stück Brot probieren, dann geht es weiter.

»Was ist das hier wohl?«, fragt Burgfräulein Rita und zeigt auf einen kleinen Raum. Es gibt ein Loch im Boden und ein Brett darüber.

»Der Abfall?«, rät Jule.

»Ein Plumpsklo!«, ruft Papa. »Möchtest du das auch ausprobieren?«

Jule schüttelt den Kopf. Igittigitt! »In meinem Zimmer gibt es einen Nachttopf«, sagt sie.

Burgfräulein Rita lacht. »Woher weißt du das?« Sie geht voran, den Gang entlang, und öffnet eine Tür. »Bitte schön. Das königliche Schlafzimmer.«

Ui! Jule staunt. So goldene Wände mit großen Spiegeln hätte sie auch gern in ihrem Zimmer. Und das Bett …

»Worauf wartest du?«, fragt Burgfräulein Rita. »Los, Probe liegen!«

Ist das Ritas Ernst? Aber sie hält tatsächlich mit einer Hand das Absperrband hoch. Vorsichtig krabbelt Jule ins Bett. In den Kissen versinkt sie fast.

»Und, wie ist es?«, fragt Mama.

»Zu weich und zu staubig«, sagt Jule und rutscht wieder vom Bett. »Ich schlafe doch lieber zu Hause.«

Am Ende der Führung verabschiedet sich Burgfräulein Rita. »Hoffentlich hat es Ihnen gefallen! Auf ein baldiges Wiedersehen auf Burg Sonnenfels – mit oder ohne Prinzessinnenkleid.« Sie zwinkert Jule zu. »Mach's gut, Prinzessin!«

»Danke!« Jule winkt zum Abschied.

Auf dem Weg zum Auto trägt Mama Jules Umhang. »Das nächste Mal verkleide ich mich auch als Prinzessin«, sagt sie. »Dann darf ich auch mal im königlichen Bett liegen.«

»Ich leih dir meine Krone, Mama«, sagt Jule. »Ich hatte ja schon meine Prinzessinnen-Spezialführung.«

Ein langer, langer Schlaf

Es ist Herbst, und die Schildkröte Tortilla mag nicht mehr fressen. Sie ist sehr müde und schläft jeden Tag länger.

Ole macht sich große Sorgen. »Mama, was ist mit Tortilla los?«, fragt er. »Ist sie krank?«

»Oh nein«, beruhigt Mama ihn. »Tortilla merkt, dass allmählich der Winter kommt. Sie bereitet sich für den langen Winterschlaf vor.«

»Winterschlaf?« Ole zieht fragend die Augenbrauen hoch. »Was ist das?«

»Das ist ein ganz langer Schlaf«, erklärt Mama. »Er beginnt im Oktober. Tortilla vergräbt sich dann in ihrer Kiste und schläft. Erst im März, wenn die Tage allmählich länger werden, wacht sie wieder auf.«

Ole staunt. »So lange kann sie schlafen?«, wundert er sich. »Aber wie schafft sie das? Hat Tortilla im Winter denn keinen Hunger und keinen Durst?«

»Nein«, sagt Mama. »Schildkröten können sehr lange ohne Nahrung auskommen. Im Sommer hat sie sich ordentlich Fett angefressen, damit sie den Winterschlaf gut übersteht.«

Ole kann es immer noch nicht glauben. »Sie schläft wirklich den ganzen Winter hindurch? Wacht sie denn kein einziges Mal auf? Dann verpasst sie ja Weihnachten und den Schnee und alles.«

Mama lacht. »Ich glaube, Schnee würde Tortilla gar nicht gefallen. Sie mag es lieber warm und trocken. Im Winter aber muss ihre Kiste im kühlen Keller stehen. Wenn es zu warm ist, kann sie nicht einschlafen.«

An einem kühlen Oktobertag ist es so weit, Mama und Ole tragen Tortillas Schlafkiste in den Keller. Tortilla ist schon ganz müde. Sie bewegt sich nur noch langsam.

Als Ole die Schildkröte in die Kiste setzt, fängt sie gleich an, sich einzugraben.

»Gute Nacht, Tortilla!«, sagt Ole und streichelt ihren Panzer, der so schön gemustert ist. »Schlaf gut und träum schön.«

Er schaut zu, wie sich Tortilla vergräbt. Er ist ein bisschen traurig, als Tortilla unter dem Laub und Heu verschwindet. »Komm«, sagt Mama und legt den Arm um Ole. Zusammen gehen sie in die Wohnung hinauf.

In den nächsten Tagen schaut Ole immer wieder nach der Schildkröte. Aber Tortilla lässt sich nicht blicken. Sie schläft unter einer dicken Schicht aus Laub und Gras, genau wie Mama gesagt hat.

Langsam wird es kälter. Die letzten bunten Blätter fallen von den Bäumen. Ole muss auf dem Weg zum Kindergarten einen Schal und eine Mütze tragen.

Und eines Tages, Anfang Dezember, fallen die ersten Schneeflocken.

»Jetzt dauert es nicht mehr lange bis Weihnachten«, sagt Mama.

Ole nickt und denkt an Tortilla. Wovon sie wohl gerade träumt? Vielleicht von warmen Sommertagen und frischen Löwenzahnblättern. Ob sie auch manchmal von Ole träumt?

Zu Weihnachten bekommt Ole einen neuen Schlitten. Es liegt viel Schnee, und Ole kann ihn gleich ausprobieren. Nach Weihnachten fahren Ole, Mama und Papa für zwei Wochen in die Berge zum Skifahren. Im Januar bekommt Ole die Windpocken und kann eine Weile nicht in den Kindergarten gehen. Im Februar ist Fasching, und Ole verkleidet sich als Pirat. Und dann kommt der März. Überall in den Läden gibt es Ostereier.

»Wollen wir mal nach Tortilla sehen?«, fragt Mama an einem Tag, an dem es schon so warm ist, dass man keine Jacke braucht.

Ole nickt begeistert. Sie gehen in den Keller.

Tortilla ist noch nicht zu sehen. Ole ist enttäuscht. Aber da raschelt es in der Kiste. Und noch einmal.

»Ist das Tortilla?«, fragt Ole aufgeregt.

Mama nickt. »Sie gräbt sich nach oben.«

Ole hilft der Schildkröte ein bisschen, indem er Laub und Heu beiseiteschiebt. Da fühlt er schon Tortillas runden Panzer.

»Tortilla!«, ruft er glücklich.

Die Schildkröte sieht noch ganz müde aus, ihre Augen sind nur halb geöffnet.

Mama und Ole tragen die Kiste hinauf in die Wohnung. Ole legt frische Salatblätter hinein. Von der Wiese vor dem Haus holt er Klee und Löwenzahnblätter.

Anfangs frisst Tortilla noch wenig und schläft auch viel. Aber nach ein paar Tagen ist sie putzmunter. Sie läuft in der Wohnung umher und darf bei Sonnenschein auch für ein paar Stunden ins Freie.

Ole baut ihr mit Mama einen Auslauf. In die Mitte kommt ein kleines Häuschen. Darin kann sich Tortilla verkriechen, wenn es ihr zu heiß wird oder wenn es regnet.

Tortilla mag am liebsten die gelben Löwenzahnblüten. Aber sie futtert auch gerne Klee und Tomatenstücke, Erdbeeren und Erbsen.

Ole findet, dass Tortilla
größer geworden ist.
Mama und er setzen
Tortilla auf ein Blatt
Papier, und Ole fährt
mit einem Bleistift die Umrisse
ihres Panzers nach. Mama hebt das Papier
in einer Mappe auf. So können sie im nächsten Jahr fest-
stellen, ob Tortilla wirklich gewachsen ist.

Einmal darf Ole seine Schildkröte mit in den Kindergarten
nehmen. Die anderen Kinder staunen, dass Tortilla einen so
langen Winterschlaf gemacht hat.

»Meine Katze schläft auch den ganzen Tag«, sagt Rufus,
Oles bester Freund. »Aber zwischendrin will sie essen und
trinken. Wenn man mal vergisst, sie zu füttern, maunzt sie
ganz jämmerlich und läuft zum Kühlschrank.«

Lotte, die junge Erzieherin, muss lachen. »Katzen halten
keinen Winterschlaf. Und Hunde auch nicht. Aber Bären
machen Winterschlaf und Fledermäuse. Wenn ihr wollt,
gehen wir mal wieder in den Zoo und lassen uns alles er-
klären.«

»Oh ja!« Die Kinder freuen sich, Ole besonders. Denn im
Zoo gibt es auch Riesenschildkröten. Die sehen aus wie
Tortilla, sind aber viel größer. Ob sie auch Winterschlaf
halten?

»Dann brauchen sie aber eine riesige Kiste«, sagt Ole zu
Mama auf dem Heimweg.

Jan und Erik haben immer so super Ideen

Jan und Erik wohnen in derselben Straße. Sie kennen sich schon, seit sie auf der Welt sind. Ihre Mütter kennen sich sogar noch länger. Seit damals, als sie sich mit ihren dicken Babybäuchen auf der Straße zugelächelt hatten. Eines Tages haben sie sich angesprochen, sich verabredet, und seitdem sind sie Freundinnen. Und sie sind richtig froh, dass auch ihre Jungs Freunde geworden sind. Wenn Erik zu Jan geht, kommt seine Mama meistens gleich mit. Während Jan und Erik im Kinderzimmer spielen, unterhalten sich ihre Mütter im Wohnzimmer und trinken Tee. So wie heute. »Wo sind die beiden eigentlich?«, fragt Eriks Mama nach einer Weile. »Die kommen doch sonst ständig und wollen irgendwas.«

»Sie sind jetzt eben größer und können schon länger alleine spielen«, sagt Jans Mama. Das stimmt. Und außerdem haben Erik und Jan zusammen immer so super Ideen.

Jan hat von seiner Oma zum Geburtstag Straßenmalkreiden geschenkt bekommen. Die sind viel dicker und größer als normale Kreiden. Doch auf der Straße kann er damit nicht malen, denn da fahren zu viele Autos. Und wenn er den Gehweg vor der Haustür bemalt, beschwert sich Frau Gatz, die im Erdgeschoss wohnt und sowieso meistens meckert.

Zum Glück fällt seinem Freund Erik ein, was man mit den Kreiden sonst noch so machen kann. »Wir zerreiben sie und machen Puderzucker daraus«, schlägt er vor. »Und den Puderzucker verkaufen wir im Laden.« Jan hat nämlich zum Geburtstag auch noch einen Kaufmannsladen bekommen. Und mit dem spielen die beiden am liebsten.

»Zerreiben ist gut«, sagt Jan. Er nimmt die dicken Kreiden und versucht, sie mit den Fingern zu zerbröseln. Das ist ganz schön schwer.

»Wir brauchen eine Reibe. So eine für Käse«, sagt Erik. »Habt ihr so was?«

»Wir gucken mal in der Küche nach.« Auf Strumpfsocken schleichen sich die Jungs aus dem Zimmer. Sie sind ganz leise, denn Jans Mama mag es nicht, wenn er aus der Küche etwas wegnimmt. Alle Küchenwerkzeuge sind in der großen Schublade. Als Jan sie öffnet, entdeckt er die Reibe sofort. Die nehmen sie mit und huschen so leise, wie sie gekommen sind, in ihr Zimmer zurück.

Jan findet, dass er als Erster die Kreide zerreiben darf. Weil es nämlich seine Kreiden sind. Aber das findet Erik gemein, denn er hatte schließlich die Idee. Es ist ja ohnehin schon ungerecht, dass Jan einen Kaufmannsladen hat und er nicht, und dann ist es noch ungerechter, wenn Jan jetzt auch noch mit dem Zerreiben anfangen darf.

»Na gut«, sagt Jan und überreicht seinem Freund die gelbe Kreide. Und Erik legt los. »Super, das geht ja babyeierleicht«, sagt er und lacht.

»Lass mich jetzt auch mal«, sagt Jan ungeduldig. Erik gibt ihm die Reibe. Jan ist so fleißig. Auf dem Teppich entsteht schon bald ein kleiner Haufen, der größer und größer wird. Erik holt sich einen Löffel und schaufelt das gelbe Mehl auf einen Puppenteller. Er bekommt bloß nicht alles vom Teppich runter. »Das ist ja blöd«, sagt Erik.

»Macht doch nichts«, sagt Jan und verreibt den Rest mit den Händen auf dem Boden. Die gelbe Farbe sieht auf dem Teppich richtig gut aus. Und was passiert, wenn man die blaue Kreide darüberreibt? Erik probiert es aus. »Super, das wird ja grün«, sagt er und ist sehr zufrieden.

»Dein Bett braucht auch ein bisschen Farbe«, sagt Erik zu seinem Freund. »Gib mal den Teller mit dem Gelb.« Erik verstreicht das farbige Pulver auf dem Holz. Aber sie brauchen noch viel, viel mehr Farbe, und deshalb zerreibt Jan jetzt alle Kreiden, die er hat. Gemeinsam verstreichen sie das Pulver überall auf dem Bett. Das macht richtig Spaß. Erik und Jan sind tolle Maler. Sie malen das ganze Bett an, den Teppich, den kleinen Tisch und alle anderen Möbel auch. Allerdings sind jetzt die Wände so weiß, und das sieht langweilig aus. Diesmal hat Jan eine super Idee. »Die Wände malen wir mit Filzis an«, sagt er, »und mit Wachsmalkreiden.«

»Cool«, sagt Erik und lacht. »Die Stifte brauchen wir nicht mal zu zerreiben.« Jan holt seinen Stiftekoffer, und dann malen sie Häuser, Hunde und Dinos und noch ganz viel mehr an die Wände. Jans Kinderzimmer sieht jetzt richtig fröhlich aus. Und fröhlich, sehr fröhlich sogar, sind auch die beiden Maler.

Inzwischen haben ihre Mütter den Tee ausgetrunken. Und weil es so gemütlich ist, will Jans Mama noch eine zweite Kanne Tee kochen. Auf dem Weg zur Küche kommt sie am Kinderzimmer vorbei. Die Tür ist zu, und dahinter ist es ungewöhnlich still. Verdächtig still. Jans Mama bleibt stehen. Einen Moment lang lauscht sie an der Tür. Vorsichtig drückt sie die Klinke hinunter. Da stehen die zwei Maler, und alles ist bunt. Sogar sie selbst.

»Du liebe Zeit!«, ruft Jans Mama. »Was ist denn hier los?«

»Wir malen das Zimmer an«, sagt Jan vergnügt. Inzwischen kommt auch Eriks Mama dazu. »Oh nein!«, sagt sie, als sie das Zimmer sieht. »Was habt ihr euch denn dabei gedacht?« »Wir haben eben immer so super Ideen«, sagt Jan stolz.

Aber da sagt seine Mama, dass sie und Eriks Mama da auch ein paar Ideen hätten. Und die erste wäre, dass sie alle zusammen das Kinderzimmer putzen, und die zweite, dass die Jungs in die Badewanne gehen, und die dritte, dass alle Klamotten in die Waschmaschine kommen.

Aber so toll finden die Jungs die Ideen ihrer Mamas gar nicht. Und das ist ja auch klar, denn nur Erik und Jan haben zusammen immer so super Ideen.

Von dem Schäfchen, das nicht mehr über den Zaun springen wollte

Es ist schon ein Weilchen her, dass Mama Ella einen Gutenachtkuss gegeben und das Licht ausgemacht hat. Aber Ella kann einfach nicht einschlafen. Mit offenen Augen liegt sie im Bett und drückt ihr Kuscheltier an sich. Sie ist so müde, aber der Schlaf will einfach nicht kommen.

Da erinnert sich Ella daran, was Oma Mina einmal gesagt hat: »Wenn du nicht schlafen kannst, dann denke einfach an eine große Herde Schafe. Stell dir vor, wie ein Schäfchen nach dem anderen über einen Zaun springt. Dabei das Zählen nicht vergessen! Wetten, dass du eingeschlafen bist, bevor du bis hundert gezählt hast?«

Ob der Trick funktioniert?

Ella seufzt. »Versuchen kann ich es ja mal«, murmelt sie. Sie schließt die Augen und stellt sich eine große Wiese vor. Lauter weiße, wollige Schafe tummeln sich darauf.

Ella muss lächeln. Sie mag Schafe. Dann stellt sie sich einen

Zaun vor. Das erste Schaf trabt hin, guckt neugierig, dann macht es einen Sprung und ist auf der anderen Seite. Eins! Schäfchen zwei und drei folgen sofort.

Doch das vierte Schaf hält kurz vor dem Zaun an und probiert erst einmal, wie das Holz schmeckt. Genüsslich steht es da und kaut. Schaf fünf schubst es von hinten an.

»Nicht fressen, du Doofi! Drüberspringen!«, sagt es. Dann nimmt es einen kurzen Anlauf und hopst über den Zaun.

Schaf vier steht immer noch da und wartet. Lange schaut es Schaf fünf nach.

»Warum soll ich über den blöden Zaun springen?«, ruft Schaf vier dann. »Dazu habe ich überhaupt keine Lust, jawohl!«

Die anderen Schafe blöken zustimmend.

»Wir wollen auch nicht über den Zaun springen! Das ist uns zu anstrengend. Wir wollen lieber Fangen spielen, das macht viel mehr Spaß!«, rufen sie.

Die Schafe rennen über die Wiese. Ein Schaf mit einem braunen Kopf versucht, die anderen zu fangen. Es kann sehr schnell rennen. Bald hat es ein Schaf erwischt und blökt fröhlich: »Jetzt bist du dran!«

Munter geht das Spiel weiter. Ella schaut den Schafen zu. Am liebsten würde sie mitmachen …

»Warum nicht?«, sagt da das Schaf mit dem braunen Kopf. Es hat sich umgedreht und guckt Ella direkt an. »Allerdings bist du ein Menschenmädchen und hast nur zwei Beine. Ich wette, dass wir mit unseren vier Beinen viel schneller sind als du«, sagt es.

»Haha, das glaube ich nicht!«, antwortet Ella. »Ich kann sehr gut rennen. Im Kindergarten bin ich die Schnellste!«

»Dann fang mich doch!«, fordert das Schaf Ella auf. Es dreht sich um und galoppiert über die Wiese davon. Ella rennt hinterher. Das Schaf ist schnell, aber Ella ist schneller. Bald hat sie das Schaf eingeholt und greift in seinen wolligen Rücken.

»Ich hab dich!«, ruft sie.

»Und jetzt musst du laufen, und wir fangen dich«, fordert das Schaf sie auf.

Ella rennt lachend über die Wiese. Es ist toll, übers Gras zu laufen. Ella juchzt vor Freude. Sie breitet die Arme aus.

Die Schafe rennen hinter ihr her, aber Ella ist schneller. Erst als es einen Hügel hinaufgeht, wird sie langsamer.

Jetzt wären vier Beine praktisch! Ella keucht. Es ist anstrengend!

Als sie endlich oben auf dem Hügel steht, haben die Schafe sie eingeholt. Sie umringen Ella und blöken fröhlich im Chor: »Wir haben dich, wir haben dich!«

Ella lacht. Es hat Spaß gemacht, mit den Schafen um die Wette zu rennen.

»Wollen wir jetzt Verstecken spielen?«, schlägt das Schaf

mit dem braunen Kopf vor. »Wir verstecken uns, und du musst uns suchen.«

Ella ist einverstanden. Sie hält die Hände vors Gesicht und zählt dreimal bis zehn. Als sie sich dann umschaut, ist kein Schaf mehr zu sehen.

»Huhu, wo seid ihr?«, ruft Ella. Sie läuft den Hügel hinunter. Hinter einem Baum entdeckt sie das erste Schaf.

»Ich sehe dich!«, ruft Ella.

Das Schaf macht einen Luftsprung. Es läuft zu Ella und bleibt an ihrer Seite. Sie suchen jetzt gemeinsam. Sie finden die anderen Schafe im hohen Gras, hinter einer Brombeerhecke und in einem Heuschober. Zuletzt fehlt nur noch das Schaf mit dem braunen Kopf.

»Hm, wo könnte es nur sein?«, überlegt Ella laut. Sie hat schon die ganze Wiese abgesucht. Sie geht einen schmalen Pfad entlang. Der Pfad führt zu einem Haus, und Ella erkennt, dass es das Haus ist, in dem sie wohnt. Merkwürdig! Außerdem steht die Haustür offen.

Ella geht hinein. Sie schaut in die Küche. Kein Schaf. Sie schaut ins Wohnzimmer. Kein Schaf zu sehen. Sie geht die Treppe hinauf und öffnet die Tür zu ihrem eigenen Zimmer. Da liegt das Schaf in ihrem Bett! Es blickt Ella aus fröhlichen braunen Augen an. Die Bettdecke hat es bis zum Hals hochgezogen, sodass nur noch sein Kopf zu sehen ist.

»Du hast ein schönes Bett«, sagt das Schaf. »So warm und weich! Darf ich heute Nacht bei dir schlafen?«

»Wenn du nicht zu viel Platz brauchst«, sagt Ella. Sie schlüpft ins Bett neben das Schaf, das ein bisschen zur Seite rückt.

»Ich hoffe, du schnarchst nicht«, sagt das Schaf.

»Bestimmt nicht«, antwortet Ella. Sie kuschelt ihren Kopf an den weichen Schafhals. Wie gut sich das anfühlt!

Aber was wird wohl Mama sagen, wenn sie am nächsten Morgen ein Schaf in Ellas Bett entdeckt?

»Mach dir mal darüber keine Sorgen«, sagt das Schaf.

»Woher weißt du, was ich gerade gedacht habe?«, wundert sich Ella.

Das Schaf kichert. »Ich bin doch dein Traumschaf und kenne alle deine Gedanken.«

Ein Traum? Ella setzt sich im Bett auf. Sie knipst die Nachttischlampe an. Der Platz neben ihr ist leer. Kein Schaf! Sie hat alles nur geträumt …

Mmh, lecker Erbsensuppe!

Mitten in der Mitte des Murmelmeeres segelte ein kleines Piratenschiff immer-
zu im Kreis. Die sieben Piraten, denen es gehörte, waren schon
lange nicht mehr auf Kaper-
fahrt gefahren. Also taten sie
das, was sie am liebsten taten:
futtern. Sie hatten nämlich einen
fantastischen Koch: den dicken
Ede, einen wirklich
drolligen Kugelpiraten.
Der kochte ihnen tagein, tagaus
die leckersten Gerichte: Bratkartoffeln mit
Speck, Haferbrei mit Muscheln und natürlich Fisch.
Die Piraten waren inzwischen schon dick und rund geworden. Nur Kapitän Knut blieb rank und schlank. Er sah
es gar nicht gern, dass seine Mannschaft so dick geworden
war. Was, wenn sie eines Tages kämpfen
müssten?
»Käpt'n«, murmelte Manni an diesem Vor-
mittag, »wir überlegen doch schon so
lange, was wir auf unsere Piratenflagge
schreiben sollen, richtig?«

Kapitän Knut nickte. »Warum, hast du eine Idee?«

Manni musste kichern. »Jau. Wie wäre es mit ›Die prallsten Piraten der acht Weltmeere‹? Hahaha!« Er kullerte vor Lachen über die Planken.

»Sehr witzig«, schimpfte Knut. »Ich fürchte, wenn wir einmal angegriffen werden, könnt ihr unser Schiff gar nicht verteidigen.«

Burkhard legte die Stirn in Falten. »Wer soll uns denn angreifen? WIR sind doch die Piraten.«

Die anderen grölten.

Aber Kapitän Knut blickte gedankenverloren zum Horizont. »Ja, ja. So ist es, bis es anders ist.«

Manni zog die Augenbrauen hoch. Was meinte der Käpt'n denn damit? Auch die anderen hatten kein Wort verstanden. Doch bevor sie nachfragen konnten, rief der dicke Ede auch schon zum Mittagessen.

»Kommst du mit, Käpt'n?«, fragte Burkhard. »Es gibt Erbsensuppe!«

Knut schüttelte den Kopf. »Danke, ich bleibe hier oben.«

Und während sich die anderen die Bäuche vollschlugen, starrte der Kapitän aufs Meer hinaus. Ihm war langweilig. In den letzten Monaten

45

waren sie immer nur im Kreis herumgeschippert. In dieser Gegend kam fast nie ein Schiff vorbei, das man ausrauben konnte. Doch plötzlich …

»Schiff in Sicht«, murmelte er leise. Und dann, lauter – sehr laut: »Schiff in Sicht! Alle Mann an Deck! Los, los, wir entern!«

Ächzend wuchteten sich die prallen Piraten die Treppe hinauf, suchten verwirrt nach ihren Säbeln und versammelten sich endlich an der Reling.

»Aber… die steuern ja auf uns zu«, sagte Manni verwirrt. »Die wollen UNS ausrauben.«

Kapitän Knut lächelte. Das war ihm egal. Hauptsache, es passierte endlich mal etwas.

In der Tat kam das fremde Schiff direkt auf sie zu. Es segelte unter der Flagge der murmelesischen Königin. Sicher hatte es viele Schätze an Bord!

Und offenbar auch sehr viele Soldaten.

»Im Namen der Königin, ergebt euch!«, befahl der Befehlshaber.

»Äh, nö«, sagte Knut gelassen. »Gebt ihr uns lieber euer Gold.«

Die königlichen Soldaten lachten spöttisch. Der Befehlshaber rief: »Warum sollten wir? Ihr seid dick und prall und könnt euch kaum bewegen. Wie solltet ihr gegen uns kämpfen? Hiermit gehört euer Schiff jetzt uns. Männer, nehmt sie gefangen.«

Die Soldaten legten eine Planke von Schiff zu Schiff, kamen

herüber und überwältigten die dicken Piraten in Windeseile.
Die wehrten sich kaum, sie waren viel zu verblüfft – und zu
vollgefressen, ehrlich gesagt.

Doch als sie kurze Zeit darauf im Bauch des Königsschiffs
saßen, flüsterte Kapitän Knut ihnen seinen Plan zu. Die Piraten kicherten. Ihr Käpt'n war genial.

Als die Soldaten nach den Gefangenen sahen, rief Knut:
»Erbsen ahoi, Männer!«

Da pupsten die prallen Piraten drauflos. Sie pupsten, dass
die Schiffswände wackelten. Bald stank es so sehr, dass die
Soldaten an Deck flohen. Doch das Gemüffel kroch durch
alle Ritzen.

»Bringt sie wieder auf ihr Schiff und bewacht sie dort!«, befahl der Befehlshaber. Er war schon ganz grün im Gesicht. Gesagt, getan. Die Soldaten versuchten, die Piraten zu fesseln, aber die pupsten gleich los, sodass den Soldaten ganz schwindelig wurde. Es dauerte nicht lange, da flohen die Soldaten zurück auf ihr Königsschiff und weigerten sich, die Piraten weiter zu bewachen. Der Befehlshaber regte sich fürchterlich auf. »Na, dann schleppen wir sie eben nur ab!«, schrie er mit rotem Kopf.

Und als sie gerade so richtig schön in Fahrt waren, kappten die Piraten einfach die Taue. Schon trieb das Königsschiff davon, und die Piraten drehten bei.

»Danke für den Riesenspaß«, brüllte Kapitän Knut ihnen nach. »Und schönen Gruß an die Königin – von den Pups-Piraten!«

Die Soldaten kehrten nicht mehr um. Sie waren äußerst froh, diese Pups-Piraten los zu sein. Nur der Befehlshaber schrie noch eine Zeit lang irgendwelche Befehle vor sich hin.

Die Geschichte von den pupsenden Piraten wurde bald im ganzen Murmelland verbreitet. Schließlich kannte jeder die Legende der fürchterlichen Pups-Piraten. Und da ihnen niemand begegnen wollte, wurden sie nie mehr angegriffen oder gefangen genommen.

Den Pups-Piraten war das sehr recht. Wenn Kapitän Knut einmal im Jahr wieder langweilig wurde, näherten sie sich einem reich aussehenden Schiff, das zufällig vorüberkam.

Wenn die Besatzung dort die Flagge mit dem blanken Piratenpopo sah, warf sie freiwillig einen dicken Sack Gold zu ihnen hinüber.

Die Pups-Piraten bedankten sich jedes Mal artig – mehr als einen Sack pro Jahr brauchten sie ja auch gar nicht. Bis auf Kapitän Knut blieben sie alle dick und rund – die prallsten Pups-Piraten der sieben, ach nein, acht Weltmeere.

Der Feen-Propeller

Fabian drückt den roten Baustein fest. Der Hubschrauber ist fast fertig. Er legt den Motor und die Batterie bereit. Jetzt noch der Rotor. Er schiebt die langen Einzelteile zusammen. »Spielst du mit mir?« Eine blonde Puppe mit Plastikflügeln landet auf dem Tisch, sodass die Rotorblätter durch die Luft wirbeln. »Du darfst die allerschönste Fee haben«, sagt Miri. »Spinnst du?« Fabian wirft die Puppe vom Tisch und sucht alle Bauteile seines Flugzeugs wieder zusammen. »Du hast alles durcheinandergebracht! Ich spiel jetzt nicht mit Feen, ich baue meinen Hubschrauber!«

Miri hebt die Puppe auf. »Du hast einen Flügel zerrissen! Du bist blöd!«

»Und du hast meinen Propeller zerstört!«

»Doofer Propeller!« Miri klebt ein Stück Klebeband auf den Flügel ihrer Fee und fängt neben dem Tisch an zu spielen.

Fabian guckt zu, wie sie ihren Feenpuppen die Haare kämmt. Wie kann man nur freiwillig mit so einem Zeug spielen?

50

Schulterzuckend wendet er sich seinem Hubschrauber zu. Ein Stück vom Rotor fehlt. Wo kann das sein? Ah, da, es ist hinter die Stiftebox gerutscht.

Er sucht die Schraube, die den Rotor in der Mitte zusammenhält, und beginnt, die Teile daran zu befestigen.

Miri singt und lässt ihre Feenpuppen tanzen.

Nur noch zwei Teile. Fabian schiebt eins über die Schraube, greift nach dem letzten.

Bumm! Krachend landet etwas auf dem Tisch. Fabian starrt auf die Stelle, an der eben noch sein Hubschrauber stand. Da liegen nur noch einzelne Bausteine – und schon wieder so eine blöde Puppe.

»Miri!«, schreit Fabian. »Warum hast du das gemacht?«

»Was?« Miri guckt hoch. »Ich spiele doch nur.«

»Meine Sachen kaputt machen ist kein Spiel.«

»Ich hab gar nichts kaputt gemacht!«

Fabian hebt die Puppe auf. Huch! Die fühlt sich ganz anders an als die vorhin. Viel weicher und wärmer. »Und was ist das?«

Miri guckt die Puppe an. »Die gehört mir nicht.«

»Wo kommt sie dann her?« Fabian schüttelt die Puppe.

»Aua! Du tust mir weh«, sagt eine helle Stimme.

»Du tust ihr weh«, sagt Miri.

»Einer Puppe tut nichts weh, die ist aus Plastik«, erklärt Fabian.

»Aber sie sagt es doch selbst«, sagt Miri.

Fabian verdreht die Augen. »Puppen können auch nicht sprechen.«

»Die hier schon«, antwortet Miri. Gleichzeitig ertönt wieder die helle Stimme: »Aber ich bin gar keine Puppe!«

Das kleine Wesen strampelt nun mit Armen und Beinen und hämmert mit ihren kleinen Fäusten gegen Fabians Hand.

»Waaaah!« Fabian lässt los. Miri springt vor und fängt die Puppe auf.

Die schüttelt sich und sagt: »Ich brauche dringend Honig!«

»Honig?« Fabian traut seinen Ohren nicht.

»Ich hole welchen«, sagt Miri. Sie setzt die Puppe auf dem Tisch ab. Die zupft ihr Kleid zurecht und tastet nach ihren durchsichtigen Flügeln.

Fabian starrt sie an. Sie sieht genauso aus wie eine von Miris Puppen – nur lebendig.

»Was bist du denn, wenn du keine Puppe bist?«, fragt er.

Die Puppe hat den Kopf gedreht und betrachtet ihre Flügel. Jetzt schaut sie hoch zu Fabian. »Das sieht man doch! Eine Fee! Ich heiße Gloria.«

Fabian starrt sie an. Da kommt Miri zurück. Sie stellt ein Tellerchen mit Honig auf den Tisch und beobachtet, wie die kleine Besucherin sich darüber hermacht.

»Bist du etwa eine Fee?«, fragt sie dann.

Die Fee nickt mit vollem Mund.

»Sie heißt Gloria«, sagt Fabian.

Miri schaut zwischen der Fee und ihm hin und her.

»Echt?«

Fabian nickt. »Ja. Hat sie gesagt.«

»Und warum ist sie auf den Tisch gefallen?«, fragt Miri.

»Das hat sie nicht gesagt.«

Die Fee scheint riesigen Hunger zu haben. Sie schleckt den Teller komplett sauber.

»Tut mir leid, dass ich hier so reingeplumpst bin«, sagt sie. »War keine Absicht. Ich hab mich so auf deinen Rotor konzentriert, dass ich gegen die Lampe geflogen bin. Eigentlich soll ich mich nicht von Menschen sehen lassen.«

»Wir erzählen es nicht weiter«, sagt Miri.

Fabian schüttelt den Kopf. Nein, das wird er bestimmt niemandem erzählen. Das glaubt ihm doch eh keiner.

»Bist du satt?«, fragt Miri.

Gloria nickt. »Das schon. Aber ich habe ein Problem … Bei der Bruchlandung ist ein Flügel gebrochen. So kann ich nicht nach Hause fliegen.«

»Tut es weh?«, fragt Miri besorgt.

»Gar nicht«, sagt Gloria. Sie deutet auf einen Riss in ihrem Flügel. »Aber es wird dauern, bis er wieder zusammengewachsen ist.«

Miri hebt das Klebeband auf. »Können wir es kleben?«

»Nein!«, ruft Gloria. »Kleber zerstört den Staub auf den Flügeln. Dann kann ich nie wieder fliegen.«

Fabian hat schweigend zugehört. Nun sammelt er alle Rotorteile ein und schraubt sie zusammen.

»Was machst du da?«, fragt Gloria.

»Wartet kurz!« Fabian schiebt die Batterie in den Motor, setzt den Rotor darauf und kramt zwei bunte Bänder aus einer Kiste. Die knotet er an den Motor. »Das ist der weltbeste Feen-Propeller«, verkündet er und hilft Gloria, den

Motor auf den Rücken zu schnal-
len, vorsichtig, damit ihr Flügel nicht
weiter einreißt.

»Mit dem Knopf startest und stoppst
du den Motor. Mit diesem Hebel änderst
du die Geschwindigkeit. Probier es aus«, sagt er.

Gloria drückt auf den Knopf, und der Rotor setzt sich mit
leisem Rattern in Bewegung und wird immer schneller. Gloria hebt ab.

»Hurra!« Jubelnd fliegt sie eine Runde um die Lampe.
»Danke, ihr habt mich gerettet! Aber wisst ihr was? Jetzt,
wo ihr mich gesehen habt, können wir auch noch weiter
zusammen spielen. Oder?«

»Au ja!«, ruft Miri.

»Klar«, sagt Fabian. Eine Fee mit Propeller ist tausendmal
spannender als ein Hubschrauber.

Die Nachtwanderung

Lasse hatte ganz und gar keine Lust, schlafen zu gehen. Es war der Abend vor seinem fünften Geburtstag, und seine Schwester Emma durfte, wie immer am Wochenende, länger aufbleiben. Nur er wurde wie ein Kleinkind um sieben zum Zähneputzen geschickt. Dabei kam er nächstes Jahr schon in die Schule!

Am liebsten wäre er eine Eule oder ein Fuchs, dachte Lasse. Dann wäre er nachts wach und immer unterwegs.

Das erzählte er auch Papa, der ins Zimmer kam, um ihm Gute Nacht zu sagen. Papa lachte. »Dann müsstest du aber tagsüber im Bett bleiben«, sagte er. »Übrigens wäre es nicht schlecht, wenn du jetzt schlafen und dich ausruhen würdest. Es könnte nämlich sein, dass eine Geburtstagsüberraschung auf dich wartet.« Papa zwinkerte Lasse verschwörerisch zu, dann knipste er das Licht aus und verließ das Zimmer.

Eine Geburtstagsüberraschung? Lasse wickelte sich in seine Bettdecke und dachte darüber nach, was das sein könnte. Und vom Nachdenken wurde er so müde, dass er einschlief.

Er wachte erst wieder auf, als ihn jemand an den Füßen kitzelte. »Aufstehen, Lasse!«, sagte Emma, die vor seinem Bett stand. »Du musst dich anziehen, Mama und Papa warten schon auf dich.«

»Jetzt?« Lasse rieb sich verschlafen die Augen. »Es ist mitten in der Nacht.«

Emma nickte. »Ganz genau. Wir machen nämlich eine Nachtwanderung.« Lasse wurde blitzartig hellwach. Eine Nachtwanderung! Wie aufregend! Er schlüpfte in seine Hose und zog sich einen Pulli über. Dann ging er in die Küche. Dort stand Mama und prüfte die Taschenlampen, und Papa packte den Rucksack. »Herzlichen Glückwunsch zum Geburtstag, Lasse!«, riefen sie gleichzeitig und umarmten ihn. »Und? Bist du bereit für ein Abenteuer?«

»Auf jeden Fall!«, rief Lasse.

»Gut, dann können wir starten«, sagte Mama und verteilte die Taschenlampen. Papa schulterte den Rucksack. Dann traten sie vor die Tür. Die Straßen waren leer. Nur ein Mal fuhr ein Taxi an ihnen vorbei. Nach einer Weile bogen sie in einen Weg ein, der zu dem Wäldchen führte. Mama ging vorweg und leuchtete mit der Taschenlampe. Hier, wo keine Straßenlaternen standen, war die Nacht pechschwarz. Und sehr still. Wenn Lasse auf Laub oder Äste trat, raschelte und knackte es. Er ging sehr vorsichtig, um nicht über Baumwurzeln zu fallen.

»Huch«, machte Emma, wenn sie ins Stolpern geriet, und klammerte sich an Papas Arm fest.

Plötzlich blieb Papa stehen. »Hört ihr das?«, flüsterte er. Lasse spitzte die Ohren. »Kuwitt-kuwitt«, erklang es ganz aus der Nähe. »Das könnte ein Steinkauz sein«, sagte Papa, der sich mit den Vogelstimmen auskannte. Er formte seine Hände zu einem Trichter und stieß einen Laut aus, der wie ein echter Eulenruf klang. Gespannt warteten sie ab.

Dann hörten sie die Antwort des Kauzes. »Kuwitt-kuwitt!«

»Er hat uns gehört«, sagte Papa. »Kommt, wir gehen in seine Richtung. Vielleicht können wir ihn sogar sehen.« Papa ging vor und bog in einen schmaleren Weg ein. Lasse, Mama und Emma folgten ihm.

Auf einmal hörten sie ein lautes Knacken zwischen den Bäumen, und Lasse blieb beinahe das Herz stehen. Mama leuchtete mit der Taschenlampe in die Richtung, und sie sahen ein paar Rehe. Einen Moment standen sie wie versteinert da, dann galoppierten sie davon.

»Zum Glück waren es nur Rehe und keine Monster«, sagte Lasse erleichtert. Papa nahm die Unterhaltung mit dem Steinkauz wieder auf. Wann immer die Eule rief, folgte Papa ihr. Sie hatten Glück, denn der Kauz bog nie ins Unterholz ein, sondern blieb immer vor ihnen auf dem Waldweg.

Auf einmal entdeckte Lasse ganz viele helle Punkte. Sie bewegten sich, nein, sie tanzten sogar. »Was ist denn das?«, rief Lasse erstaunt. Alle traten näher an das Gebüsch heran, in dem es so leuchtete. »Klasse, das sind Glühwürmchen«, rief Lasse. »Die wollte ich schon immer mal sehen!«

»Sie geben Leuchtzeichen, um ihre Partner anzulocken und Hochzeit zu feiern«, erklärte Mama. »Allerdings leuchten sie nur nachts.«

Papa winkte die anderen heran. Er hatte wieder den Steinkauz gehört, und nun liefen sie ihm hinterher, bis sie zu einer Lichtung kamen. Papa zeigte auf einen kleinen Hügel. »Dort müsste er sein«, flüsterte er. »Wenn wir ganz vorsichtig sind, können wir ihn vielleicht sogar sehen.« Mama und Emma kicherten. Lasse warf ihnen einen verständnislosen Blick zu. Was war denn daran so komisch? So leise wie möglich pirschten sie sich heran. Doch dann blieb Lasse abrupt stehen. »Da ist ja ein Feuer!«, rief er überrascht. Und dann kamen hinter dem Hügel mehrere Gestalten zum Vorschein und winkten ihnen zu.

Lasse traute seinen Augen kaum. »Hallo, Paul, was machst du denn hier?«

»Hallo, Lasse!«, rief Paul, der neben seinen Eltern stand. »Wir warten hier auf euch. Das ist deine Geburtstagsüberraschung. Mein Vater hat euch mit dem Eulenruf hierhergeführt, damit ihr euch nicht im Wald verlauft.«

Lasse drehte sich zu seinem Papa um.

»Das stimmt«, sagte der lächelnd.
»Wir haben alles seit Wochen geplant.«
»Das ist echt klasse!«, rief Lasse und umarmte
nacheinander Mama, Papa und Emma. Und dann setzten
sich alle an das Feuer, sangen für Lasse ein Geburtstagslied,
schlürften Tee und schauten zu, wie allmählich der Morgen
anbrach. Lasse war sehr glücklich. Das war wirklich
eine tolle Geburtstagsüberraschung!

Dario, der Hausdrache

Prinzessin Mariella war reisefertig. Ihr blaues Samtkleid, das seidene Nachthemd und die bestickten Pantoffeln hatte sie fein säuberlich in ihrer Reisetruhe verstaut. Jetzt stand Mariella mit ihrem Hausdrachen vor der Kutsche und wartete darauf, dass es losging. Sie war nämlich zu einem Kindergeburtstag eingeladen. Ihre Cousine Amalia, die ebenfalls auf einem Schloss wohnte, wurde fünf. Damit war sie fast so alt wie Mariella, die fünfeinhalb war. Weil das Schloss der Königsfamilie aber abgelegen auf einem Hügel lag, war selbst die Fahrt zu einem Kindergeburtstag eine richtige Reise. Prinzessin Mariella konnte es kaum erwarten, Amalia ihren Drachen zu zeigen. Das Drachenei hatte sie von ihren Eltern zu Ostern bekommen. Seit der Drache geschlüpft war, hatte sie ihn selbst aufgezogen und gezähmt. Der Drache hieß Dario. Er konnte fauchen, Feuer speien und sogar fliegen. Leider war er nur so groß wie ein Schäferhund, aber ihre Eltern hatten sich geweigert, einen richtigen, riesigen Drachen anzuschaffen. Mariella hatte beschlossen, Dario mitzunehmen. Aber sie hatte nicht an ihre Mutter, die Königin, gedacht. Die trat huldvoll aus dem Schloss, um sich von ihrer Tochter zu verabschieden.

»Was macht denn der Drache da?«, fragte sie als Erstes, als sie Mariellas Haustier erblickte.

»Den nehme ich mit«, sagte Mariella.

»Nein, das geht nicht. Auf gar keinen Fall!« Die Königin schüttelte so energisch den Kopf, dass ihre Krone gefährlich ins Wanken geriet. »Haustiere bleiben zu Hause. Deshalb heißen sie übrigens auch Haustiere und nicht etwa Besuchstiere.«

»Aber Dario ist doch nur ein Zwergdrache«, sagte Prinzessin Mariella. »Und außerdem stubenrein.«

»Dein Drache bleibt aber trotzdem hier. Nachher setzt er noch mit seinem Feueratem alle Möbel auf Amalias Schloss in Brand«, sagte die Königin. »Bring ihn bitte sofort in den Stall zurück!«

»Menno!« Mariella stampfte wütend mit dem Fuß auf. Ohne Dario hatte sie gar keine Lust mehr, zu verreisen. Doch dann brachte sie Dario zurück in den Stall – was blieb ihr schon anderes übrig?

Als Mariella zurück zur Kutsche kam, hatte sie ihre Hutschachtel dabei. Die war so groß

wie ein Wagenrad. Das war auch nötig, denn Mariellas Hüte waren riesig und mit langen Federn verziert.

»Was hast du denn in der Hutschachtel?«, fragte die Königin misstrauisch ihre Tochter.

»Meinen Hut natürlich, was denn sonst?«, antwortete Mariella.

»Darf ich mal sehen?«, fragte die Königin. Mariella nahm den Deckel ab, und zum Vorschein kam Mariellas allerschönster Hut.

»In Ordnung«, sagte die Königin und gab ihrer Tochter einen Abschiedskuss.

Die Königin hatte nämlich schon gedacht, dass Mariella ihren Drachen in die Hutschachtel geschmuggelt hätte, aber nun war sie beruhigt. Mariella war ja so ein braves Kind. Ja, das dachte die Königin.

Kaum war die Kutsche hinter dem Schloss verschwunden, steckte Mariella den Kopf aus dem Fenster, um dem Kutscher etwas zuzurufen. »Ich habe noch etwas Wichtiges vergessen, kannst du kurz warten?«

»Wie du wünschst, Prinzessin«, sagte der Kutscher und brachte die Pferde zum Stehen. Sie nahm den Hut aus der Hutschachtel, und dann lief sie mit der leeren Hutschachtel in den Stall. Als sie zurückkam, schwankte Mariella unter dem Gewicht der Hutschachtel. Dann stieg sie mitsamt der Hutschachtel ein, und die Reise konnte beginnen.

Mariella war froh, als sie nach vielen Stunden endlich angekommen war. Ein Diener begrüßte sie und fragte: »Verehrte Prinzessin, darf ich dir die Hutschachtel abnehmen?«

»Nein, nicht nötig, die trage ich schon selbst«, antwortete Mariella. Sie schleppte die Schachtel eigenhändig die vielen Schlosstreppen hinauf, zerrte sie über den langen Flur und wuchtete sie schließlich auf ihr Himmelbett, das in ihrem Gästezimmer stand.

»Hast du einen Hut aus Stein?«, fragte Amalia neugierig, die gesehen hatte, wie sehr sich Mariella beim Tragen angestrengt hatte.

»Schau selbst«, sagte Mariella, lächelte geheimnisvoll und öffnete den Deckel.

»Das ist ja gar kein Hut. Das ist ein Drache!«, sagte Amalia staunend.

»Mein Drache«, sagte Mariella stolz. »Er heißt Dario, und du darfst niemandem verraten, dass er hier ist.«

Dann gaben die beiden Freundinnen dem Drachen etwas zu trinken, schlossen ihn in das Zimmer ein und hüpften die Schlosstreppe hinunter. Unten trafen sie die Köchin, die sich aufgeregt mit Amalias Mutter unterhielt. »Der neue Küchenjunge hat feuchtes Feuerholz in den Ofen getan«, jammerte sie. »Wie soll ich da einen Geburtstagskuchen backen, wenn der Ofen nicht brennt?«

»Um Himmels willen«, sagte die Gräfin. »Und wie sollen wir Geburtstag ohne Geburtstagskuchen feiern?«

»Ähem«, räusperte sich Mariella. »Da hätte ich vielleicht eine Idee. Aber nur, wenn ihr nichts meiner Mutter sagt.«

»Was kann das sein?«, fragte die Gräfin neugierig.

»Ich bin gleich zurück!«, rief Mariella und holte Dario, den Drachen.

In der Schlossküche stellte er sich an den Ofen und fauchte so lange das Holz an, bis es trocken war und wunderbar brannte. So kam Amalia doch noch zu ihrem Geburtstagskuchen. Und zu einem tollen Fest. Denn alle Kinder durften einmal auf Dario reiten und mit ihm um den Kronleuchter fliegen.

Nur Amalia, die durfte so oft reiten, wie sie wollte – schließlich war es ihre Geburtstagsfeier!

Die unglaubliche Mondreise

Es war eine sternklare Nacht. Miranda konnte nicht einschlafen. Miranda konnte nie einschlafen. Sie fürchtete sich
vor Monstern und Räubern und Tigern.

Darum saß Miranda jeden Abend auf einem dicken Kissen
auf ihrer Fensterbank und schaute in den Himmel. Heute
hatte sie Glück. Der Mond schien, und alle Sterne waren zu
sehen. Darum war es ganz hell. Miranda winkte dem Mond
zu.

Gerade als Miranda ins Bett klettern wollte, weil ihre Füße
so kalt waren, wurde es am Fenster dunkel. Miranda sah
hinaus. Eine Wolke war vor den Mond gezogen. Aber es war
nicht irgendeine Wolke. Es war eine dicke, kleine Watte-
wolke. Sie schwebte ganz langsam vor Mirandas Fenster
entlang, dann hielt sie an. Neugierig tappte Miranda wieder
näher zum Fenster. Um die Wolke herum waren dicke Seile
geschlungen. Neugierig beugte Miranda sich vor. Was wohl
daran hing?

Ein Himmelbett! Ein prächtiges goldenes Himmelbett. Auf

dem Bett
lag eine
kuschelige
dunkel-
blaue
Bettdecke
mit golde-
nen Sternen.
Die Wolke
schwebte ein Stück
höher, dann klappte
wie von Zauberhand die
Bettdecke zurück. Mirandas Herz hüpfte. Das war eine Ein-
ladung!
Rasch öffnete sie das Fenster. Das Bett hing ganz nah davor,
ihr konnte gar nichts passieren! Miranda spürte den kühlen
Wind an ihrer Haut, als sie in das goldene Bett stieg. Sie
kroch unter die Bettdecke, und mit einem Mal wurde ihr

wohlig warm.
Der kühle Wind
und die kalten Füße
waren vergessen – und
die Angst war fort.

»Los geht's!«, flüsterte Miranda.

Schon schwebte das Wolkenbett in die Nacht hinaus. Miranda schaute hinunter auf die Stadt. Einige Autos fuhren über die Straßen, wenige Menschen gingen zwischen den Häusern entlang. In vielen Fenstern brannte noch Licht. Einem dieser Fenster näherten sie sich nun. Bald konnte Miranda einen Jungen erkennen, der dort stand und staunte. Miranda winkte ihm zu. Als das Bett vor ihm hielt, half sie ihm, einzusteigen.

»Fürchtest du dich auch in der Nacht?«, fragte Miranda.

Der Junge nickte. »Ich bin Fabian«, sagte er, während er sich neben Miranda unter die Decke kuschelte.

»Und ich Miranda«, wisperte sie zurück.

Das Himmelbett schwebte weiter über die Stadt. Alles war ruhig und friedlich.

»Es sieht gar nicht so gefährlich aus da unten«, meinte Fabian.

Miranda lächelte. »Ich habe noch keinen Einbrecher gesehen.«

»Und ich kein einziges Monster«, sagte Fabian kichernd.

Plötzlich stieg das Himmelbett höher und höher.

Sie flogen durch ein paar dünne Wolken hindurch, bis sie nur noch die Sterne über sich sahen. Und den Mond. Groß und mächtig thronte er am dunklen Nachthimmel. Näher und näher flog das Bett an ihn heran. Miranda und Fabian sahen den Mond staunend an – er leuchtete hell, und seine silbernen Strahlen kitzelten sie zart auf der Haut.

»Guten Abend, liebe Kinder«, sagte der Mond freundlich. Seine brummende Stimme brachte das Himmelbett zum Schwanken. Miranda und Fabian lachten.

»Guten Abend, Mond«, riefen sie.

»Warum fürchtet ihr euch in der Nacht?«, fragte der Mond. Miranda und Fabian zuckten mit den Schultern. »Es ist eben so«, murmelte Miranda.

Der Mond lächelte. »Hier oben sehe ich alles. Die Welt bei euch unten ist gut. Es gibt auch schlechte Dinge, aber die meisten Menschen sind gut! Es geschehen viele schöne Sachen. Ihr habt liebevolle Eltern, die auf euch achtgeben. Ihr wohnt in sicheren Häusern, kein Donner, kein Regen, keine Tiere können euch etwas anhaben. Fürchtet euch nicht, meine Kinder.«

Miranda lächelte. »Du bist aber ein lieber Mond.«

Da musste der gute alte Mond lachen. »Hast du das nicht gewusst?«

»Du bist immer so weit weg«, meinte Fabian.

»Aber mein Licht, das schenke ich euch. Ich schicke die Strahlen der Sonne zu euch weiter, aber viel milder und zarter. Silbern leuchten sie in eure Zimmer hinein. Sie geben euch Mut und Geborgenheit.«

»Danke, lieber Mond«, flüsterte Fabian.

Dann schwebte das Himmelbett sacht wieder hinab zur Erde. Durch den Nachthimmel, durch die Wolken, hinunter zur Stadt. Sicher und warm brachte es zuerst Fabian zurück zu seinem Fenster.

»Auf Wiedersehen, Miranda«, sagte Fabian leise. »Wenn ich jemals wieder Angst bekomme, denke ich an den Mond – und an dich.«

Miranda lächelte ihm zu und schwebte weiter durch die Straßen bis zu ihrem eigenen Fenster. Es stand noch offen. Rasch kletterte sie in ihr Zimmer.

»Auf Wiedersehen, liebes Wolkenbett. Danke für diese schöne Reise«, flüsterte Miranda. Sie sah zu, wie das Bett in der Nacht verschwand. Dann schloss sie das Fenster und krabbelte unter ihre Bettdecke. Gerade fielen ihr die Augen zu, als die Tür aufging und Mama hereinkam.

»Schläfst du schon, meine Süße?«, fragte sie erstaunt.

»Hhm«, murmelte Miranda. »Es ist doch alles gut.«

»Ja, das ist es.« Mama gab Miranda einen Kuss auf die Nase und deckte sie zu. Dann wollte sie die Gardinen zuziehen, doch Miranda rief: »Nicht, der Mond soll doch herein-scheinen!«

Also blieben die Gardinen offen, und Mama ging hinaus.

Silberne Mondstrahlen schienen durchs Fenster auf Miran-das Wange. Es kitzelte ein bisschen. »Gute Nacht, lieber Mond!«, flüsterte Miranda. Dann schlief sie ein. Ganz ohne sich zu fürchten.

Eine Wassernixe namens Annabella

Philipp ist ein kleiner neugieriger Frosch. Der See, in dem er wohnt, gefällt ihm. Es gibt so viel zu entdecken! Man kann bis zum Grund tauchen oder auf einem Seerosenblatt sitzen und den Libellen zuschauen. Es gibt hier auch Molche und sogar eine alte Wasserschildkröte.

Am See wird es langsam ruhiger. Die anderen kleinen Frösche gehen schlafen, nur Philipp ist noch hellwach.

»Jetzt wird es aber auch Zeit für dich«, mahnt Papa Frosch.

»Ach, Papa, lass mich doch heute beim Froschkonzert dabei sein«, bettelt Philipp.

Der alte Frosch schüttelt den Kopf. »Dafür bist du noch zu klein«, sagt er.

»Stimmt gar nicht. Ich bin schon groß, und ich kann fast so gut quaken wie du«, behauptet Philipp.

Papa Frosch muss ein bisschen schmunzeln. »Na gut, dann komm mit«, sagt er. »Du darfst heute dabei sein. Ausnahmsweise!«

Philipp ist ganz aufgeregt. Als die Sonne untergeht, versammeln sich die großen Frösche am See. Einige sitzen am Ufer, die meisten aber auf Seerosenblättern.

»Hallo, heute möchte ich euch meinen Sohn Philipp vorstellen«, verkündet Papa Frosch. »Er will gerne bei unserem Abendkonzert mitmachen.«

»Quak, quak, dann soll er erst einmal zeigen, dass er so gut quaken kann wie wir«, sagt ein dicker Frosch, der rechts neben Papa Frosch auf einem Seerosenblatt sitzt.

Alle Froschaugen richten sich auf Philipp. Der wird ganz verlegen.

»Klar kann ich quaken«, ruft er. »Ich zeige es euch.« Er holt tief Luft, um sein lautestes »Quak« loszulassen. Aber es kommt nur ein jämmerlich leises »Quäk« heraus, das kaum zu hören ist.

Die ersten Frösche fangen an zu lachen. Philipp versucht es noch einmal. Wieder hört man nur ein leises »Quäk«.

»Das soll Froschgequake sein? Haha!« Der Frosch neben Papa lacht dröhnend. »Philipp soll erst einmal zu Hause ordentlich üben. Wie würde sich unser Konzert denn anhören, wenn lauter solche Babyfrösche mitmachen dürften!«

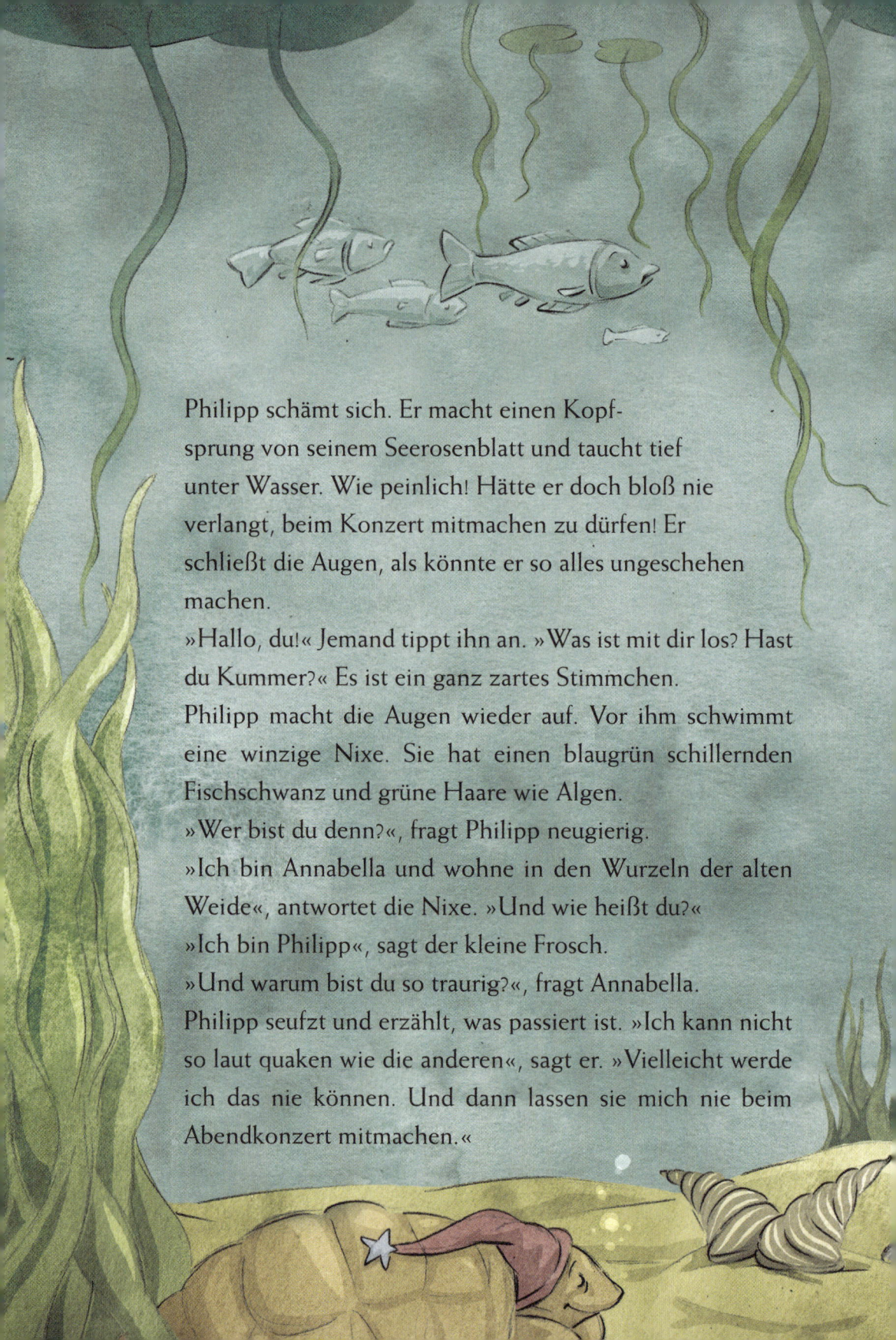

Philipp schämt sich. Er macht einen Kopfsprung von seinem Seerosenblatt und taucht tief unter Wasser. Wie peinlich! Hätte er doch bloß nie verlangt, beim Konzert mitmachen zu dürfen! Er schließt die Augen, als könnte er so alles ungeschehen machen.

»Hallo, du!« Jemand tippt ihn an. »Was ist mit dir los? Hast du Kummer?« Es ist ein ganz zartes Stimmchen.

Philipp macht die Augen wieder auf. Vor ihm schwimmt eine winzige Nixe. Sie hat einen blaugrün schillernden Fischschwanz und grüne Haare wie Algen.

»Wer bist du denn?«, fragt Philipp neugierig.

»Ich bin Annabella und wohne in den Wurzeln der alten Weide«, antwortet die Nixe. »Und wie heißt du?«

»Ich bin Philipp«, sagt der kleine Frosch.

»Und warum bist du so traurig?«, fragt Annabella.

Philipp seufzt und erzählt, was passiert ist. »Ich kann nicht so laut quaken wie die anderen«, sagt er. »Vielleicht werde ich das nie können. Und dann lassen sie mich nie beim Abendkonzert mitmachen.«

»Ach, Unsinn!«, sagt Annabella. »Du musst dich nur noch
eine Weile gedulden, dann bist du groß genug, und das
Quaken kommt von allein.« Sie stupst Philipp übermütig
an. »Was ist, wollen wir zusammen spielen?«
Eigentlich hat Philipp keine richtige Lust, aber eine
Wassernixe trifft man schließlich nicht jeden Tag.
»Fang mich!«, ruft da Annabella schon und schwimmt
davon. Philipp schwimmt hinterher. Wie gut, dass
er so lange Froschbeine hat! Mit denen kann er
genauso gut schwimmen wie Annabella.

Bald hat er die kleine Nixe eingeholt und greift nach ihren grünen Haaren. »Hab dich!«, ruft er fröhlich.

»Aua!«, quietscht Annabella.

Philipp lässt erschrocken ihre Haare los. »Tut mir leid«, entschuldigt er sich. Er hatte Annabella nicht wehtun wollen.

»Schon gut«, sagt Annabella. Zum Glück scheint sie nicht böse zu sein. »Jetzt fang ich dich! Schwimm los!«

Philipp schwimmt davon, aber Annabella ist dicht hinter ihm. Sie packt seine Beine und kitzelt ihn an den Fußsohlen. Beide müssen furchtbar lachen.

»Ich kann nicht mehr«, japst Philipp.

Sie tauchen auf und ruhen sich auf einem Seerosenblatt aus. Das Blatt ist gerade groß genug für zwei. Inzwischen ist die Sonne ganz untergegangen, und am Himmel funkeln die Sterne.

Annabella liegt auf dem Rücken und schaut in den Himmel. »Ist das nicht wunderschön?«, fragt sie. »Die vielen, vielen Sterne!«

»Ja«, sagt Philipp. Es ist sogar wunderwunderschön, neben Annabella zu sitzen und sanft auf dem Wasser zu schaukeln. Am anderen Ufer findet das Froschkonzert statt. Philipp erkennt genau die Stimme seines Vaters, der trifft nie richtig den Ton und hinkt im Tempo auch etwas hinterher. Philipp muss grinsen. Jetzt ist er gar nicht mehr traurig, dass er nicht beim Konzert mitmachen darf. Es ist viel besser, dass er Annabella getroffen hat!

»Weißt du was?«, flüstert Annabella. »Ich bin ein bisschen

müde.« Sie schlingt die Arme um Philipp und schmiegt sich an ihn. »Darf ich bei dir bleiben und auf dem Seerosenblatt schlafen?«

»Klar darfst du das«, sagt Philipp glücklich. »Das Seerosenblatt gehört dir ja genauso wie mir. Und es ist genug Platz für uns beide.«

Er merkt, dass auch er sehr müde ist, und schließt die Augen.

»Sind wir jetzt Freunde?«, fragt Annabella leise. »Für immer?«

»Für immer«, antwortet Philipp. Und während er noch überlegt, was sie am nächsten Tag alles zusammen machen können, kommt ganz still und heimlich der Schlaf über ihn … Philipp beginnt zu träumen. Von Unterwasserjagden, Seerosen-Weitspringen und Purzelbäumen im Wasser. Und von Annabella …

Hinterm Stadtparksee rechts

Es war ein windstiller Tag, als Mia und Papa gemütlich auf den großen Stadtparksee hinausruderten. Die Sonne schien warm vom Himmel. Mia hatte den Kopf auf die Sitzbank des Ruderbootes gelegt und schaute den kleinen Mücken zu, die hektisch über dem Wasser hin und her flogen. Papa ruderte und machte sanfte Wellen. Dann legte er die Ruder ins Boot, und sie ließen sich treiben.

»Ich weiß gar nicht, wie es dort hinten beim Schilf aussieht«, meinte Papa nach einer Weile.

Mia blickte auf. »Es sieht so aus, als ob wir genau dorthin treiben«, sagte sie.

Das stimmte. Langsam wurde das Boot schneller. Verdutzt

griff Papa nach den Rudern, um das Boot zu steuern, aber da sausten sie schon pfeilschnell durch die hohen Schilfhalme. »Ach herrjemine, was passiert denn jetzt?«, fragte Papa beunruhigt.

Einen Moment später tauchten sie aus dem Schilfwald wieder auf. Doch was war das? Um Mia und Papa herum wuchs ein wilder Dschungel! Riesige Bäume ragten am Ufer in den Himmel, darunter rankten Schlingpflanzen die Stämme empor. Die Blätter der Pflanzen waren fast so groß wie Mia selbst. Dazwischen hockten, hüpften und flatterten unzählige bunte Tiere: Papageien, Schmetterlinge, Äffchen, ja sogar Schlangen hingen von den Ästen herab. Doch das Wunderbarste waren die Geräusche: Es quiekte und schnarrte, pfiff und gurrte, kreischte und summte so laut, dass Papa sich die Ohren zuhielt.

»Ist das der Stadtpark?«, rief Mia ihm zu.

Papa schüttelte den Kopf. »Auf keinen Fall ist das der Stadtpark!«, schrie er zurück. »Ich habe verflixt noch eins keine Ahnung, was das hier ist!«

Mia gefiel es unglaublich gut. Sie hatte schon immer in den Dschungel reisen wollen. Und nun war sie mittendrin.

Langsam fuhr ihr Boot den Fluss entlang. Ein Baumstamm schwamm an ihnen vorbei. Als er sein Maul öffnete, erkannte Mia, dass es kein Baumstamm war, sondern ein Krokodil. Aber gerade als sie furchtbar darüber erschrecken wollte, zwinkerte das Krokodil ihr zu. Mia lachte.

Plötzlich hüpfte ein Äffchen zu ihnen auf das Boot. Es legte den Kopf schief und sah Mia genau an. Dann drehte es sich um, schnappte Papas Kappe und sprang wieder auf einen Ast.

»He, du Frechdachs!«, rief Papa und stand auf, um nach dem Äffchen zu greifen. Das Äffchen keckerte nur, aber Papa schwankte und zappelte und fiel schließlich in den Fluss. Platsch!

»Hilfe, Mia, die Krokodile«, schrie Papa und hangelte sich so rasch wieder ins Boot, dass Mia staunte.

»Ich glaube, die tun gar nichts«, sagte sie, als sie Papa ins Boot half.

»Das möchte ich lieber nicht ausprobieren«, hustete Papa.

Da rief Mia: »Schau mal, eine Sperre.«

Vor ihnen wuchs eine seltsame Pflanze quer über den Fluss. Sie rankte sich kreuz und quer durch die Luft – nur in der

Mitte des Flusses gab es einen Durch-
gang, vor dem allerdings eine riesige orangefarbene Blüte prangte.
Papa hielt sich an einem
Ast fest, damit das Boot
nicht gegen die Blüte
fuhr.
»Sehr aufmerksam«,
raunte die Blüte. »Die
meisten fahren einfach
gegen meine Blätter.
Wirklich, sehr aufmerk-
sam«, brummte sie zufrie-
den. »Vermutlich wollt ihr
durchfahren?«
»Ja«, bat Mia, weil Papa vor Staunen gar nichts mehr sagen konnte.
»Dürfen wir?«
»Ach«, seufzte die Pflanze. »Ich
würde gern. Aber ich kann mich
kaum bewegen. Ich habe so
einen Hunger!«
Papa sah sie misstrauisch
an. Er räusperte sich und sagte: »Hunger auf Ruderboote?«

Die Pflanze lachte. »Aber nein! Ruderboote machen Bauchweh. Ihr habt nicht zufällig ein Leberwurstbrötchen dabei?«

Mia strahlte. »Doch, sogar zwei!« Sie kramte rasch in ihrem Rucksack, nahm die Brötchen aus der Frühstücksdose und hielt sie in die Luft. »Soll ich werfen?«

»Ja!«, brummte die Blüte und öffnete sich weit. Mia warf die Leberwurstbrötchen.

HAPPS! Die Blüte schloss sich. Dann schmatze sie. Und dann rülpste sie. BURPS!

»Verzeihung«, murmelte die Blüte und wurde rot. Dann hob sie ihren Kopf genau so weit nach oben, dass genug Platz für ein Ruderboot und zwei Mitfahrer entstand. Papa ließ den Ast los, und sie rauschten durch die Lücke. »Danke!«, rief Mia.

Nach einer Weile machte der Fluss eine Biegung, und es wurde noch lauter als vorher.

»Was ist denn das nun wieder?«, fragte Papa stöhnend. Dann riss er die Augen auf und antwortete sich selbst: »Ein Wasserfall!«

Mia strahlte. Das wurde ja immer besser! »Es wird sicher lustig«, brüllte sie.

»Sicher«, schrie Papa, aber sehr sicher hörte sich das nicht an.

Dann ging es los. Immer schneller sauste das Boot durch die spritzenden Wellen. Mia konnte den Abhang vor sich sehen, und dann – AHHHHHH! – rasten sie in die Tiefe. Mia und Papa schlossen die Augen. Das Boot platschte ins Wasser, eine Riesenwelle brach über Mia und Papa herein, sie wurden klitschnass.

Als sie die Augen öffneten, schwamm das Boot mitten auf dem See im Stadtpark. Es war still. Neben ihnen schwirrten kleine Mücken über das Wasser, und in der Ferne hörten sie eine Ente quaken.

Mia sah Papa an. Aus seinen Haaren tropfte das Wasser. Papa sah Mia an. Sein Mundwinkel zuckte. Dann lachten sie los. Sie lachten, bis ihre Bäuche wehtaten.

»Uff«, sagte Papa.

»Puh«, machte Mia.

Und dann sagten beide gleichzeitig: »Noch mal!«

Das Ungeheuer mit der Elefantenhaut

Wilbo war ein Wildschwein und lebte im Wald. Am liebsten durchwühlte er mit seiner Schnauze den Waldboden nach leckeren Pilzen, Wurzeln und Eicheln. Am zweitliebsten badete er in einer schlammigen Pfütze. Und am drittliebsten machte er einen Besuch auf dem Bauernhof, wo sein Freund Oskar, das Hausschwein, lebte. Im Stall von Oskar war es ganz anders als im Wald. Ein Dach schützte vor Regen, auf dem Stallboden lag trockenes Stroh, und mit etwas Glück gab es sogar noch ein paar Futterreste im Schweinetrog. Das war wie Urlaub, fand Wilbo, das Wildschwein. Und er genoss es sehr, bei Oskar zu Besuch zu sein.

Doch diesmal fragte ihn sein Freund: »Wie ist es eigentlich bei dir im Wald?«

»Überall Bäume, wohin du nur schaust«, grunzte Wilbo.

»Ich würde gern einen Ausflug dahin machen«, sagte Oskar. »Ich war noch nie im Wald.«

Wilbo, der sich genüsslich auf dem Stroh ausgestreckt hatte, rappelte sich auf. »Das müssen wir ändern. Komm mit, dann zeige ich dir, wo ich wohne.« Geschickt öffnete Wilbo mit der Schnauze die Stalltür. »Auf geht's!«, sagte er zu seinem Freund.

Als die beiden über den Hof tippelten, reckte Oskar die Schnauze in die Luft. »Es gibt nichts Besseres als frische Landluft«, rief er.

»Doch, frische Waldluft«, sagte Wilbo. »Du wirst schon sehen.« Wilbo und Oskar galoppierten über eine Kuhweide, zwängten sich unter dem Zaun hindurch und kamen zum Brombeergestrüpp am Waldrand. Als Oskar in den Wald kam, staunte er. So viele Bäume hatte er noch nie zuvor gesehen. »Ich zeige dir meine Lieblingspfütze«, sagte Wilbo und lief voran. »Hinter der nächsten Eiche müsste sie sein.« Bald darauf waren sie da. »Sieh mal, was für ein dunkles, moddriges Wasser die Pfütze hat«, rief Wilbo begeistert und watete schnurstracks hinein. Er legte sich hin und wälzte sich im Matsch. »Herrlich ist das!«, rief er. »Und jetzt du!«

»Aber dann mache ich mich doch dreckig«, sagte Oskar und betrachtete besorgt seine rosafarbene Haut.

»Du willst dich nicht dreckig machen?«, fragte Wilbo ungläubig. »Aber darum geht es doch! Es gibt nichts Schöneres, als sich so richtig einzusauen!«

»Wenn du meinst«, sagte Oskar und setzte zögerlich eine Pfote in das Wasser. Dann legte er sich vorsichtig in den Matsch. »Hihi, ist das schön!«, rief er überrascht und quiekte vor Vergnügen. Immer wieder wälzte er sich im Matsch hin und her. Als er damit fertig war, war er kaum wiederzuerkennen. Auf sein rosafarbenes Borstenfell hatte sich eine dicke, graue Matschkruste gelegt. Oskar sah kein bisschen mehr aus wie ein Hausschwein. Aber das störte ihn nicht, im Gegenteil. Oskar fand es sogar sehr schön, mal ganz anders zu sein.

Als Nächstes zeigte Wilbo ihm, wo es die besten Eicheln gab – und die fraß auch das Hausschwein sehr gern. »Apropos Fressen«, sagte Oskar plötzlich. »Ich glaube, ich muss schnellstens zurück. Wenn der Bauer mich zur Fütterungszeit nicht im Stall findet, gibt's bestimmt Ärger.«

»Aber versprich mir, dass du bald wiederkommst«, sagte Wilbo, dem es Spaß gemacht hatte, seinem Freund den Wald zu zeigen.

Er brachte das Hausschwein bis zur Kuhweide, dort verabschiedeten sie sich, und Oskar lief zurück zum Bauernhof.

Aber etwas war merkwürdig:
Als die Katze Oskar sah, kletterte sie schnell auf den nächsten Baum. Oskar grunzte und rief:
»Du könntest ja auch mal Guten Tag sagen.«
Dann kam Oskar am Hühnerstall vorbei. Doch die
Hühner flüchteten, wild mit den Flügeln schlagend,
ins Hühnerhaus. Was ist denn bloß los?, fragte Oskar sich
verwundert.
Schließlich stand er vor dem Schweinestall. Doch gerade
als er hineingehen wollte, stieg ihm köstlicher
Essensduft in die Schnauze. Oskar schnupperte. Kein Zweifel, der Duft kam aus
dem Bauernhaus. »Wenn ich schon
mal unterwegs bin, könnte ich
eigentlich auch die Bauern besuchen«, sagte sich Oskar.

Und so drehte er um und lief zum Bauernhaus. Die Familie
saß am Tisch. Marta, die Bäuerin, verteilte gerade das Essen.
Da kam Oskar durch die Küchentür. Als Marta Oskar sah,
ließ sie vor Schreck den Teller fallen. »Ein Ungeheuer!«,
rief sie und zeigte mit zitternden Fingern auf das Schwein.
Oskar grunzte freundlich zur Begrüßung. Daraufhin wurde
Bauer Hannes blass. »Es fletscht die Zähne«, sagte er. »Bestimmt will es uns beißen.«
Nur Anne, die Bauerstochter, blieb seelenruhig sitzen und
schaute sich das merkwürdige Tier neugierig an. Es hatte
zwar eine Elefantenhaut, aber ein Elefant konnte es nicht
sein. Dafür war es zu klein. Einen Rüssel hatte es auch nicht.
Dafür aber einen Ringelschwanz. Einen Ringelschwanz?
Anne rutschte vom Stuhl. Sie kannte nur eine einzige Tier-
art, die einen Ringelschwanz hatte.

Mutig ging sie auf das seltsame Tier zu. »Dich kenne ich«, sagte sie schließlich und lachte. »Du bist Oskar, unser Hausschwein.« Oskar grunzte vor Freude. Endlich hatte ihn jemand erkannt.

Marta schlug die Hände über dem Kopf zusammen. »Oskar, wie siehst du denn aus?«, rief sie. Nur Bauer Hannes sagte gar nichts, sondern nahm das Hausschwein kurzerhand mit nach draußen und spritzte es ordentlich mit dem Wasserschlauch ab. Da wurde aus dem Ungeheuer wieder ein ganz sauberes, rosafarbenes Schwein.

Aber bevor Oskar zurück in den Stall gebracht wurde, fütterte Anne ihn noch mit Äpfeln und altem Brot. Da hatte Oskar mal wieder Schwein gehabt.

Von Gähnchen und kleinen Müdis

Wenn die Sonne untergegangen ist, verlässt Herr Schlaf seine Hütte im Wald. Er zieht einen Karren hinter sich her. Darauf stehen mehrere Käfige und Säcke.

»Wann sind wir denn da?«, rufen die kleinen Wesen in den Käfigen und rütteln an den Stäben. Sie sind grün gefiedert wie Papageien, haben aber Arme und tragen Schlafmützen auf dem Kopf. Es sind Gähnchen. Wenn sie in der Nähe sind, fangen die Menschen an zu gähnen,

sie können gar nicht mehr aufhören. Und dann werden sie ganz, ganz müde … Im Nu sind sie eingeschlafen.

»Es dauert nicht mehr lange«, beruhigt Herr Schlaf die kleine Schar. »Bald kommt ihr frei, nur Geduld!«

Schon werden die ersten Häuser sichtbar. In den Fenstern brennt Licht.

»Oh, hier scheinen uns die Menschen nötig zu haben, sie sind alle noch wach!«, sagt Herr Schlaf. Er bleibt stehen und riegelt eine Käfigtür auf.

Die ersten Gähnchen hüpfen heraus. Sie flattern über den Zaun und rennen durch den Garten. Sobald sie ein offenes Fenster gefunden haben, schlüpfen sie ins Haus.

Herr Meier sitzt gerade vor dem Fernseher. Er merkt nicht, wie zwei Gähnchen ins Wohnzimmer kommen. Die meisten Menschen können diese Wesen nämlich weder hören noch sehen.

Die Gähnchen hüpfen links und rechts von Herrn Meier auf die Couch. Sie kuscheln sich ganz eng an ihn. Es dauert gar nicht lange, da fängt Herr Meier an zu gähnen. Immer weiter reißt er seinen Mund auf. Er kann gar nicht mit dem Gähnen aufhören.

Draußen auf der Straße hat Herr Schlaf einen Sack geöffnet. Daraus kullern jetzt die Müdis. Das sind kleine Monster, die aussehen wie pelzige Kartoffeln mit Armen und Beinen. Sie haben ein kuschelig weiches Fell. Auch sie sind für die Menschen unsichtbar.

Kichernd hüpfen die Müdis den Weg entlang zum Haus.

Sie können sich flach wie ein Blatt Papier machen und schlüpfen unter der Haustür durch. Dann huschen sie in das Wohnzimmer, in dem der gähnende Herr Meier sitzt.

Zehn Müdis hängen sich an sein linkes Knie, zehn Müdis setzen sich auf sein rechtes Bein. Als Herr Meier aufstehen will, kann er sich fast nicht mehr bewegen, so müde ist er.

»Oh, habe ich heute schwere Beine!«, stöhnt er. »Dabei bin ich doch gar nicht so weit gelaufen. Ich werde mal lieber ins Bett gehen.«

Mit schleppenden Schritten geht er aus dem Wohnzimmer. Die Müdis lassen seine Beine immer noch nicht los. Und auch die beiden Gähnchen folgen Herrn Meier, als dieser langsam die Treppe hinaufgeht, Stufe für Stufe. Endlich erreicht er den ersten Stock. Dort ist auch sein Schlafzimmer.

»Eigentlich müsste ich mir noch die Zähne putzen«, murmelt Herr Meier. »Aber ich schaffe es nicht mehr, ich bin so müde.« Er lässt sich aufs Bett plumpsen und legt sich hin. Jetzt lassen die Müdis endlich seine Beine los. Sie haben ihre Arbeit getan und kehren auf die Straße zurück, wo Herr Schlaf schon auf sie wartet.

Die beiden Gähnchen aber sitzen auf dem Kopfkissen, ganz dicht bei Herrn Meier. Herr Meier kann kaum noch die Augen offen halten, so sehr muss er gähnen.

»Ich weiß gar nicht, was heute mit mir los ist«, brummt er. »Diese Gähnerei! Ganz schlimm!«

Die beiden Gähnchen kichern, aber Herr Meier kann sie

nicht hören. Er gähnt und gähnt. Seine Augenlider werden immer schwerer.

Jetzt wird es Zeit für Herrn Schlaf. Er betritt den Garten und geht auf die Haustür zu. Er braucht die Tür nur zu berühren – da schwingt sie auf.

Herr Schlaf geht die Treppe hinauf. Seine Schritte sind lautlos. Vorsichtig öffnet er die Tür zum Schlafzimmer. Herr Meier bemerkt ihn nicht. Er kann Herrn Schlaf nicht sehen, auch er ist unsichtbar.

Ganz leise tritt Herr Schlaf an das große Bett. Er berührt Herrn Meiers Kopf und streicht ihm sanft über die Wange.

»Schlaf«, flüstert er dabei. »Schlaf ein und träume süß.«

Herrn Meier fallen die Augen endgültig zu, und er beginnt zu schnarchen. Herr Schlaf lächelt zufrieden. So ist es schön! Die beiden Gähnchen springen auf seine Schulter.

Herr Schlaf geht mit ihnen die Treppe hinunter und verlässt das Haus.

Dann zieht er den Karren weiter durch die Straßen. Im nächsten Haus wohnen die Zwillinge Lars und Jan mit ihren Eltern.

Die beiden Jungen sind noch gar nicht müde. Obwohl sie schon ihre Pyjamas anhaben, tobt in ihrem Zimmer eine wilde Kissenschlacht.

»Angriff!«, schreit Lars und wirft das Kissen. Jan fängt es und pfeffert es zurück.

Vier Gähnchen schleichen sich ins Zimmer. Zwei hocken sich auf das Bett von Lars, die anderen beiden sitzen auf Jans Matratze. Die Jungen sehen sie nicht.

»Du bist dran!«, schreit Jan.

Lars muss furchtbar gähnen. Erst dann kann er das Kissen zurückwerfen. Jan will es fangen, doch auf einmal sind seine Arme so schwer. Er ahnt nicht, dass viele kleine Müdis daran hängen.

Nun dauert es nicht mehr lange, bis die Jungen in ihre Betten schlüpfen. Keiner von ihnen merkt, wie Herr Schlaf ihre Stirn berührt, erst die von Lars und dann die von Jan. Eine Kissenschlacht ist ja soooo anstrengend …

»Gute Nacht, Jan«, murmelt Lars.

»Nacht, Lars«, antwortet Jan und ist schon eingeschlafen. Herr Schlaf aber zieht mit seinen kleinen Helfern weiter durch die Stadt. Es liegt noch viel Arbeit vor ihm. Nach und nach wird es in den Häusern dunkel. Als der Mond hoch am Himmel steht, ist überall Ruhe eingekehrt. Herr Schlaf ist zufrieden. Er setzt sich auf eine Bank und packt sein Butterbrot aus. Das hat er sich nach all der Arbeit wirklich verdient.

Gute Nacht!

Hilfe für die Schnullerfee

»Und wenn sie nicht gestorben sind, dann leben sie noch heute«, liest Papa und klappt das dicke Märchenbuch zu. »Was für eine schöne Geschichte.«

Jaelle nickt. »Du, Papa, gibt es Feen eigentlich wirklich?«

Papa zögert. Dann zuckt er mit den Schultern. »Ich habe noch keine gesehen. Aber die Zahnfee und die Schnullerfee sind hier in der Straße doch oft unterwegs.«

Das stimmt. Gerade gestern hat Yasmin eine Münze von der Zahnfee unter ihrem Kissen gefunden, weil sie zuvor einen Milchzahn verloren hat. Und als sich Jaelles kleiner Bruder Jonas letzte Woche von seinem Schnuller getrennt hat, brachte ihm die Schnullerfee eine Holzeisenbahn. »Warum sieht man die Feen nie?«

Papa zuckt wieder mit den Schultern. »Vielleicht wollen sie nicht gesehen werden.«

»Kann sein«, sagt Jaelle und gähnt. »Gute Nacht, Papa.«

»Schlaf gut!« Papa singt ein Gutenachtlied, gibt Jaelle einen Kuss, löscht das Licht und öffnet das Fenster ein Stück.

Jaelle schließt die Augen. Sie träumt von Prinzessinnen und Feen in einem großen Schloss. Plötzlich scheppert etwas. Dann hört Jaelle ein Schimpfen und Fluchen. Jaelle wälzt sich im Bett herum und reibt sich die Augen. Träumt sie, oder ist sie wach? Sie hört das Schimpfen immer noch. Ver-

schlafen guckt sie in ihr dunkles Zimmer. Erkennen kann sie nichts, aber irgendetwas ist da, sie hört es ganz deutlich.

Jaelle tastet nach dem Schalter ihrer Nachttischlampe. Ein Klick, und es ist hell im Zimmer. Jaelle blinzelt und traut ihren Augen nicht. Auf ihrem Teppich sitzt ein Mädchen, ungefähr so groß wie sie selbst, mit roten Locken, einem merkwürdigen Kleid mit Schürze und Gummistiefeln an den Füßen. Auf dem Rücken wackeln schimmernde Flügel.

Das Mädchen starrt auf etwas, das auf dem Boden liegt, und sie schimpft dabei ohne Pause: »Doofer Korb, hätte ich ja auch mal merken können, schnoddriger Schnuller, so ein Unglück!«

»Hallo«, flüstert Jaelle. Das Mädchen zuckt zusammen. Sie

schaut Jaelle an. Dann zieht sie sich die Schürze vors Gesicht. »Oh nein, noch ein Unglück! Mach das Licht aus! Schlaf! Husch-husch!«

»Ich habe ja geschlafen«, sagt Jaelle. »Aber dann hast du mich mit deinem Gemecker geweckt. Was ist passiert?« Sie klettert aus dem Bett und geht zu dem Mädchen. Jetzt sieht sie, dass auf ihrem Teppich Schnuller liegen, mindestens zehn Stück.

»Bist du etwa die Schnullerfee?«

»Eine von vielen. Gestatten: Schnulli, die Schnullerfee!«

Jaelle zwickt sich in den Arm, um sicherzugehen, dass sie wirklich wach ist. Aua, das Zwicken tut weh. Und die Fee und ihre Schnuller sind immer noch da.

»Was tust du hier? Hier hat keiner mehr einen Schnuller.«

»Dein Fenster war offen, da wollte ich eine Abkürzung nehmen. Und dann ist der Griff von diesem blöden Korb abgerissen«, sagt Schnulli.

Jaelle betrachtet den Korb, der neben den Schnullern liegt. »Der ist hin. Wie willst du die Schnuller nun transportieren?«

»Keine Ahnung«, sagt Schnulli. »Wenn ich nichts finde, muss ich sie wegwerfen. Und das wäre sehr, sehr schade!«

Jaelle überlegt. »Wie wäre es mit der Puppenkiste?« Sie holt die große Plastikkiste aus dem Regal und leert sie auf dem Bett aus.

»Die ist wunderbar!« Schnulli wirft ihre Schnuller hinein. »Aber sie ist zu groß, die kann ich nicht allein tragen.«

»Ich würde dir ja helfen, aber ich kann nicht fliegen«, sagt Jaelle.

»Kein Problem. Mit Feenstaub kannst du es«, sagt Schnulli. Ganz geheuer ist es Jaelle nicht, als sie die Kiste hochhebt und Schnulli ihren Feenstaub über sie streut. »Jetzt flieg los!«, ruft Schnulli.

»Wie denn? Ich hab keine Flügel«, sagt Jaelle.

»Stell es dir vor.«

Jaelle schließt die Augen und stellt sich vor, wie sie hoch-steigt – und tatsächlich hebt sie ab. »Ich fliege!«, ruft sie. Auf dem Schnullerplaneten sieht Jaelle sich neugierig um. Hier ist alles aus Schnullern gemacht! Häuser, Zäune, Autos, sogar eine Schnullerbrücke gibt es. Jetzt fällt ihr auf, dass Schnullis Kleid auch aus Schnullern besteht. »Das ist ja irre!«, ruft sie. »Eine Schnullerwelt!«

»So ist es«, sagt Schnulli. »Deswegen brauchen wir immer Nachschub von den Kindern. Wobei wir einige Schnuller auch einpflanzen.« Sie kramt ein paar Schnuller aus der Kiste. »Hilf mir mal!«

Gemeinsam graben sie hinter einem Schnullerhaus Löcher in die Erde. In jedes lässt Schnulli einen Schnuller fallen. »Wachst schön!« Jaelle sieht, dass in diesem Garten schon mehrere Schnullerbäume stehen, verschieden groß, und alle tragen kleine Schnuller an den Ästen.

Jaelle würde sich gerne noch länger umgucken, aber Schnulli drängt zum Aufbruch. »Du musst wieder nach Hause, und auf mich warten noch ein paar Schnuller.«

Gemeinsam fliegen sie also zurück in Jaelles Zimmer und stellen die Puppenkiste wieder ab. »Danke fürs Ausleihen. Das werde ich nie vergessen«, sagt Schnulli. Sie winkt und schwebt aus dem Fenster. Jaelle gähnt. Sie legt sich in ihr Bett und ist eingeschlafen, bevor ihr Kopf das Kissen berührt.

Als sie am nächsten Morgen die Augen öffnet, sieht sie als Erstes die ausgeleerte Kiste, dann die Puppen in ihrem Bett. Aber da ist noch etwas. Neben der Kiste liegt ein glitzernder Schnuller mit Regenbogenmuster auf dem Boden. Jaelle hebt ihn auf. »Den pflanze ich ein!«, sagt sie. »Und wenn kleine Schnuller wachsen, rufe ich Schnulli. Dann darf ich vielleicht noch mal mit ihr ins Schnullerland.«

Ritter Anton reitet davon

Mitten am Tag stapfte Ritter Anton wütend durch den düsteren Tannenwald. Es war zum Aus-der-Haut-Fahren! Jeden Monat sollte er einen Drachen fangen, damit er weiterhin auf der königlichen Burg als Ritter dienen durfte. Dabei hatte der König schon vier Drachen!

Zu gern hätte Anton mit einem der anderen Ritter getauscht. Ritter Adomir musste durch das Land streifen, um Gold zu finden. Ritter Wilhelm musste herumreisen, um eine Braut für den König zu finden. Und Ritter Adalbert und Ritter Winfried mussten neue Länder erobern. Das alles wäre besser als Antons Aufgabe! Doch der König ließ ihn einfach nicht mit einem der anderen tauschen. Weil Anton nun mal der beste Drachenkämpfer im ganzen Land war.

Also zog Anton wieder einmal los und suchte im düsteren Wald nach einem Drachen. Sein Pferd hatte sich geweigert, in die finsteren Baumreihen hineinzureiten, und ihn einfach abgeworfen. So durfte Anton jetzt also auch noch zu Fuß weiterwandern. Mürrisch hieb er mit seinem Schwert die Äste beiseite.

»Jetzt komm, doofer Drache, damit wir es hinter uns bringen können!«, rief Anton laut.

Da schoss plötzlich eine Stichflamme zwischen den Zweigen hervor.

»Doofer Drache?«, hüstelte jemand. »Was ist denn das für eine Frechheit?«

Eine große grüne Drachenschnauze schob sich durch die dichten Blätter.

Anton hob sein Schwert, um den Drachen mit ein, zwei Schwerthieben in Schach zu halten und ihn dann zu fesseln. Doch da stieß der Drache sein Schwert mit einem Prankenhieb zur Seite.

Anton schluckte. Oje. Das würde nicht so einfach werden wie die letzten Jahre, dachte er. Dieser Drache war groß, sehr groß sogar. Anton machte einen Schritt rückwärts. Doch da umfing ihn bereits eine der gewaltigen Schwingen des Drachen.

»Äh, ich – Entschuldigung, das mit dem doofen Drachen war nicht so gemeint«, sagte Anton schnell. Bei allem Mut wusste er genau, wann es Zeit zum Rückzug war. Jetzt, um genau zu sein.

»Ich geh dann mal wieder«, murmelte er und versuchte, sich zu befreien.

Doch der Drache ließ ihn nicht.

»Von wegen!«, dröhnte er lachend. »Jetzt gibt es erst mal einen lustigen kleinen Kampf, und dann fresse ich dich – vielleicht. Eigentlich mag ich nicht so gerne Blech im Futter.«

Ritter Anton versuchte es mit einem Witz. »Möchtest du, dass ich die Rüstung für dich ausziehe?«

Der Drache lachte tatsächlich. Dabei schloss er für einen Moment die Augen. Anton nutzte die Chance und warf dem Drachen seinen Beutel Schnupftabak ins Gesicht – genau vor die Nasenlöcher.

Der Drache stutzte, dann atmete er ein.

Einmal, zweimal – HATSCHI!

Sein Nieser war gewaltig. Anton wurde durch die Luft geschleudert und landete hart auf dem Boden. Eilig stand er auf, um fortzulaufen, aber der Drache hielt ihn längst wieder zwischen seinen Krallen gefangen.

Anton seufzte. »Na gut, dann friss mich eben jetzt!«, sagte er verärgert.

»Bah, nee«, antwortete der Drache. »Du bist wütend und sauer. Saure Drops bereiten mir Sodbrennen. Das wird nichts mit uns, kleiner Ritter. Geh lieber wieder heim.«

Der Drache zog seine Krallen zurück und gab dem Ritter einen kleinen Schubs.

Ritter Anton sah ihn erstaunt an. »Du lässt mich gehen?«, fragte er.

Der Drache nickte. »Aber eine Frage habe ich noch. Weißt du, wo ich die anderen Drachen finden kann? Sie sind alle verschwunden.«

Ritter Anton wurde rot. »Äh, die sind beim König«, sagte er.

Der Drache legte den Kopf schief. »Warum?«

Anton lächelte entschuldigend. »Der König fühlt sich sehr mächtig mit ihnen. Und er denkt, dass sie irgendwann für ihn kämpfen könnten.«

Der Drache lachte so sehr, dass der Boden unter Antons Füßen wackelte.

»Niemals würde ein Drache das tun«, sagte er dann.

»Ich weiß«, murmelte Anton. »Aber der König weiß es nicht. Ich hab ihn angeschwindelt und gesagt, dass ich euch zähmen kann. Weil ich nur so auf der Burg bleiben darf.

Ich weiß nicht, wohin ich sonst gehen soll. Ich kann nichts außer Ritter sein und Drachen fangen.«

Der Drache schüttelte unwillig den Kopf. »So ein Blödsinn. Du kannst bestimmt viel mehr. Geh doch einfach nicht wieder hin.«

Seine großen Drachenaugen schauten auf einmal sehr sehnsüchtig. »Bleib bei mir. Du kannst auch auf meinem Rücken reiten und mit mir fliegen! Ab und zu könnten wir so die anderen Ritter erschrecken.«

Ritter Anton überlegte. Warum eigentlich nicht? Er könnte sich eine Hütte im Wald bauen. Der Drache würde ihm immer Feuer machen. Und zu essen würde er im Wald genug finden.

»Ich weiß sogar, wo ein Goldschatz liegt«, sagte der Drache vergnügt. »Dann kannst du dir Werkzeug, Essen und solche Dinge kaufen, die Menschen brauchen.«

Da war Anton überzeugt. »Gute Idee«, sagte er und tätschelte dem Drachen liebevoll die Pfote. »Und weißt du, was wir zuallererst machen?«

Er schwang sich auf den Rücken des riesigen Drachen. Dann flogen sie gemeinsam zum königlichen Schloss, wo Anton begeistert und stürmisch begrüßt wurde. Die Wachleute gratulierten Anton zu dem riesigen Drachen und ließen ihn allein, damit er ihn einsperren konnte. Denn vor dem Drachenfeuer hatten sie alle Angst.

Anton aber sperrte niemanden mehr ein. Er ließ stattdessen die anderen Drachen frei, stieg auf den Rücken seines

neuen Freundes und flog mit ihnen allen in den Sonnen-
untergang.

Seitdem ist das Königreich frei von Drachen. Aber jeder
weiß natürlich, dass sie auf einer geheimen, friedlichen Dra-
cheninsel bis heute weiterleben.

Das Zauberbett

Mathis spielte nie mit Bauklötzen, Autos oder Eisenbahnen. Viel lieber schleppte er Äste oder alte Bretter in sein Kinderzimmer. Die zersägte er mit seiner kleinen Säge oder schlug lauter Nägel mit dem Hammer hinein.

Wenn Mathis abends schlafen ging, legte er seine Werkzeugkiste neben sein Kopfkissen.

»Musst du unbedingt deine Werkzeugkiste mit ins Bett nehmen?«, fragte Mama dann immer. »Das Kopfkissen wird schmutzig, außerdem könntest du mit einem Teddy viel besser kuscheln.«

Aber Mathis wollte nicht kuscheln. Er wollte beim Einschlafen sein Werkzeug sehen, denn so konnte er überlegen, was er am nächsten Tag damit bauen wollte. Und deshalb legte er abends die Kiste neben sein Kopfkissen – egal, was Mama sagte.

Eines Abends geschah etwas Seltsames. Mama und Papa hatten ihm gerade Gute Nacht gesagt und die Tür zugemacht. Da erhob sich Mathis' Bett vom Boden und schwebte in der Luft.

Mathis setzte sich verblüfft auf, da segelte das Bett auch schon zum offenen Fenster hinaus. Während es durch die Dämmerung flog, legte Mathis sich auf den Bauch und schaute über den Bettrand nach unten. Er sah auf Wiesen hinab, auf denen Schafe, Kühe oder Pferde schliefen. Er beobachtete den Dachs, der in der Dämmerung seinen Bau verließ. Und er sah die Rehe, die auf einer Waldlichtung weideten.

Doch dann flog das Bett
so dicht über einen Baum,
dass es an den Ästen hängen blieb.
Rraatsch, machte es, und das Bett steckte
fest.

»Weiter!«, rief Mathis. Aber das Bett rührte sich nicht.
Schließlich kletterte Mathis auf einen Ast und versuchte,
das Bett hochzuheben. Doch es war viel zu schwer. Mathis'
Blick fiel auf das Werkzeug, das neben seinem Kopfkissen
lag, und er begann, die Äste abzusägen, die das Bett gefangen hielten.

Eine Amsel schaute verschlafen aus ihrem Nest. »Was ist
das für ein schrecklicher Lärm?«, beschwerte sie sich.

»Tut mir leid«, entgegnete Mathis. »Aber mein Bett ist hängen geblieben.«

»Was es nicht alles gibt«, erwiderte die Amsel. »Sag mal,
würdest du mir die abgesägten Äste geben? Ich könnte sie
gut für mein Nest gebrauchen.«

»Aber gern«, sagte Mathis, und dann kletterte er ein Dutzend Mal zum Vogelnest, um der Amsel alle kleineren Äste
und Zweiglein zu reichen.

»He, du!«, rief ein Fuchs, der vor dem Baumstamm saß.
»Hättest du ein bisschen Zeit für mich?«

»Ja, klar!« Mathis kletterte zu ihm hinunter. »Was gibt's?«

»Wie ich sehe, kannst du mit Werkzeug umgehen«, sagte
der Fuchs. »Könntest du mir ein paar Haken in meinem Bau
anbringen?«

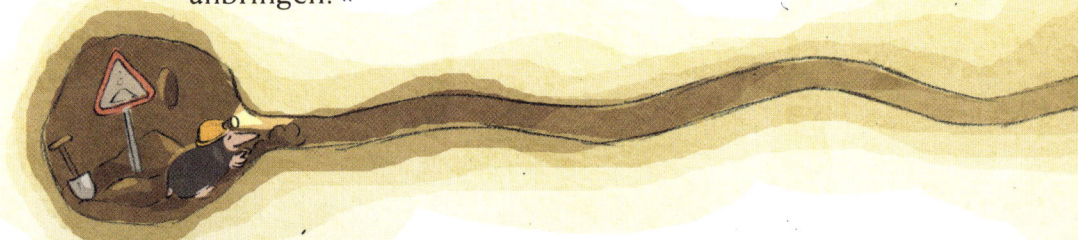

»Kein Problem«, erwiderte Mathis und folgte dem Fuchs unter die Erde. Es war sehr dunkel dort, und der Fuchs musste ihm mit der Taschenlampe aus der Werkzeugkiste leuchten. Mathis zog ein paar Nägel aus seiner Pyjamatasche und klopfte sie mit dem Hammer in die Wand.

»Fein!«, rief der Fuchs. »Jetzt kann ich endlich meine Hüte aufhängen. Warte mal!« Er verschwand in einen Gang und kam mit einem grünen Jägerhut wieder, den eine prächtige Hühnerfeder schmückte. In der anderen Pfote hatte er eine Gänsefeder. Er schenkte Mathis die Gänsefeder und hängte den Hut an den Haken.

»Großartig«, sagte der Fuchs. »Jetzt muss ich meinen Hut nie mehr suchen.«

Mathis klemmte sich die Feder hinters Ohr, verabschiedete sich und kletterte auf den Baum zurück. Nun wollte er in sein Bett steigen und nach Hause fliegen. Doch unterwegs hielt ihn das Eichhörnchen an. »In meinen Kobel regnet es rein«, klagte es. »Könntest du nicht etwas dagegen machen?«

»Lass mal sehen«, sagte Mathis, und er stieg hinauf zu den höchsten Ästen. Denn hier hatte das Eichhörnchen sein rundes Nest. »Die Wände sind ziemlich löchrig«, stellte Mathis fest. »Wir müssen sie abdichten.« Noch einmal kletterte er hinab und suchte den Waldboden nach Zweigen und Holzstücken ab. Er nahm noch etwas Holzwolle und Klebeband aus seiner Kiste und reparierte das Nest. »Jetzt bleibst du trocken«, sagte Mathis zufrieden, als er fertig war.

»Tausend Dank«, erwiderte das Eichhörnchen. »Warte, ich will dir was schenken.« Und dann kramte es ein paar Nüsse aus seiner Nachttischschublade hervor und drückte sie Mathis in die Hand. »Vergiss nicht, mich bald wieder zu besuchen!«, rief es Mathis hinterher. »Und bring dein Werkzeug mit!«

»Klar, mach ich«, antwortete Mathis, stieg in sein Bett und schlüpfte unter die Decke. »Das war ein toller Ausflug, liebes Bett«, sagte er glücklich. »Ich finde, das machen wir bald wieder.«

Das Bett schaukelte und flog weiter durch die Nacht.

Als es mit einem Ruck im Kinderzimmer landete, schlug

Mathis die Augen auf. Nanu, wunderte er sich. Es war gar nicht mehr dunkel, sondern taghell, und die Sonne schien herein. Mama stand am Fenster und zog die Vorhänge zurück.

»Aufwachen, Mathis!«, rief sie. »Zeit fürs Frühstück.« Sie gab ihm einen Kuss, und dann erzählte Mathis ihr, welche Abenteuer er im Traum erlebt hatte.

»Na, so was«, staunte Mama. »Dann war es wohl gut, dass du dein Werkzeug dabeihattest.«

»Genau«, sagte Mathis. »Sonst wäre mein Bett immer noch in den Ästen des Baumes, und ich wäre nicht hier.«

»Oh nein!«, rief Mama erschrocken und strich über seine Haare. Und sie versprach, dass sie nie mehr etwas dagegen haben würde, wenn er seine Werkzeugkiste neben das Kopfkissen legte.

Das Kaffeekränzchen

Es ist immer so gemütlich bei Oma. Wenn Isa ihre Oma besucht, kocht Oma für sie warmen Kakao, sitzt mit ihr auf der Gartenbank und erzählt Geschichten von früher. Aber diesmal ist alles anders. Oma hat all ihre Freundinnen zum Kaffeekränzchen eingeladen, und es gibt viel zu tun.

Oma und Isa haben schon eingekauft, aufgeräumt und gewischt. Und sie haben eine Sahnetorte gebacken. Sie ist mit rosa Marzipanblüten verziert und sieht fast zu schön aus, um aufgegessen zu werden, findet Isa. Aber sie ist auch zu lecker, um nur angesehen zu werden, sagt Oma.

Die Sahnetorte thront in der Mitte des Tisches. Alles ist bereit. Das weiße Porzellan mit dem Goldrand steht auf dem Tisch. Oma legt bloß noch die Servietten neben die Tortengabeln.

»So«, sagt sie zufrieden. »Und nun brauche ich eine kurze Pause. Möchtest du dir so lange ein Buch angucken?«

Aber Isa schüttelt den Kopf. »Nein, ich gehe lieber mit Felix spazieren«, antwortet sie. Felix, das ist ein lustiger kleiner Rauhaardackel, der Tante Jensen gehört. Und die wohnt gleich nebenan.

»Aber bitte sei zurück, bevor die Gäste kommen«, sagt Oma noch.

»Ist gut«, sagt Isa und läuft in den Flur, um sich die Schuhe anzuziehen. »Bis später.«

Tante Jensen freut sich sehr, dass Isa ihren Dackel ausführen will. Sie ist nämlich auch bei Oma eingeladen, und so hat sie noch genug Zeit, um ihre gepunktete Bluse zu bügeln.

»Komm, Felix«, sagt Isa. Und dann laufen sie zum nächsten Park. Auf der großen Wiese spielen sie immer das Stöckchenspiel. Isa wirft einen Stock, und Felix bringt ihn zurück. Das machen sie so lange, bis es Zeit ist, umzukehren.

Auf dem Nachhauseweg zieht Felix mächtig an der Leine. Er hat ordentlich Hunger, denn nach dem Spaziergang bekommt er immer sein Fressen. Doch als Isa bei Tante Jensen klingelt, ist niemand da. »Macht nichts«, sagt Isa zu Felix. »Dann nehme ich dich eben mit zu Oma, da kannst du auf Tante Jensen warten.«

Felix wedelt mit dem Schwanz. Einverstanden, heißt das in der Hundesprache.

»Da bist du ja«, sagt Oma, als Isa zurück ist. Sie hat sich schon umgezogen und duftet nach ihrem Parfüm. »Könntest du bitte die Sahne schlagen? Die Gäste können jeden Moment kommen.«

»Klar, mach ich gern«, sagt Isa, und dann lässt sie Felix von der Leine. Gerade als Isa die geschlagene Sahne in die Sahneschale umfüllt, klingelt es

an der Tür. Es ist Tante Jensen, die Oma einen großen Blumenstrauß überreicht.

Und nun kommen auch Omas andere Freundinnen. Im Flur gibt es ein großes Hallo, und alle reden wild durcheinander.

»Wir können uns eigentlich auch setzen«, sagt Oma schließlich. »Kommt mit, die Kaffeetafel ist gedeckt.« Oma geht vorweg, doch dann bleibt sie plötzlich stehen. »Ogottogott«, sagt sie und stützt sich am Türrahmen ab.

»Ist was passiert?«, fragt Isa erschrocken, die gerade die Sahneschale auf den Tisch stellen will.

»Ob was passiert ist?«, sagt Oma. »Oh ja, das kann man wohl sagen!«

Isa und Omas Freundinnen drängen sich hinter sie. Und dann sehen sie, was Oma meint: Auf dem Tisch steht ein vierbeiniges Wesen. Seine Vorderbeine stecken in der Torte. Auf dem Kopf trägt es ein Sahnehäubchen, und die Schnauze ist weiß. Sahneweiß.

»Felix!«, ruft Tante Jensen. Der Dackel wedelt vergnügt mit dem Schwanz und stößt dabei gleich ein paar Kaffeetassen um.

»Oh nein!«, ruft Isa. Sie hechtet zum Tisch und streckt die Arme aus, um die Kaffeetassen zu retten, doch dabei lässt sie die Sahneschale fallen. Isa tritt in den glitschigen Sahne-

berg und rutscht darauf aus. Zum Glück erwischt sie in letzter Sekunde noch einen Zipfel der Tischdecke. Daran hält sie sich fest. Aber auch die gerät ins Rutschen, und nun gibt es einen gewaltigen Rums. Die Tischdecke mitsamt dem Dackel, den Tassen, Tellern, Tortengabeln und dem Tortenrest stürzt zu Boden. Isa wird unter der Tischdecke begraben. Sie sieht aus wie ein merkwürdig gesprenkeltes Gespenst.

»Isa!«, kreischt Oma. »Hilfe!«

»Hilfe!«, rufen auch Omas Freundinnen.

»Felix!«, ruft Tante Jensen.

2.

Unter der Tischdecke kriecht der Dackel hervor. Er rast durch den Sahneberg und hinterlässt eine weiße Pfotenspur.

»Felix!«, ruft Tante Jensen wieder und läuft ihrem Dackel hinterher.

Oma stürzt zu Isa und befreit sie von der Tischdecke. »Isa, mein Schatz, geht's dir gut?«, fragt sie.

»Eigentlich nicht«, sagt Isa. Sie sitzt da, und ihre Augen füllen sich mit Tränen. »Ich wollte doch bloß die Kaffeetassen retten«, schluchzt sie.

»Ach, das macht doch nichts«, sagt Oma und hebt eine Scherbe auf. »Die Tassen mit dem Goldrand habe ich sowieso nie gemocht.« Sie zuckt mit den Schultern. »Eigentlich ist es nur schade um die schöne Torte.«

»Und was sollen wir jetzt machen?«, fragt Isa und schaut sich um.

»Wir könnten zusammen aufräumen«, schlägt eine von Omas Freundinnen vor.

»Ach was«, sagt Oma. »Das läuft uns nicht weg. Ich schlage vor, wir gehen lieber zusammen ein Eis essen. Eins mit ganz viel Sahne.«

Ein paar Stunden später räumen Oma, Isa und Tante Jensen das Wohnzimmer auf. Und als sie fertig sind, kocht Oma für alle einen warmen Kakao. Den trinken sie zusammen auf der Gartenbank.

Es ist eben immer sehr gemütlich bei Oma.

Die Räuberbande

Räuberhauptmann Oskar und seine Räuberfrau Erna lebten in einer Räuberhöhle im tiefen Wald. Sie hatten eine kleine Tochter, die Ava hieß. Und sie liebten ihre Tochter über alles.

Wenn Oskar und Erna abends zu ihren Räuberstreifzügen aufbrachen, ließen sie die kleine Ava, gut eingepackt in ein paar kuschelige Felle und Decken, allein in der Räuberhöhle zurück. Ava war nämlich ein sehr friedliches Kind. Sie schlief frühabends nach dem Wickeln ein und begrüßte ihre Eltern am nächsten Morgen durch fröhliches Glucksen. Von ihren Raubzügen brachten die Räubereltern ihrer Tochter oft eine gestohlene Silberrassel oder ein anderes Spielzeug mit.

Doch dann bekam Ava Zähne, und sie krähte nicht mehr fröhlich, sondern wimmerte und weinte. Und abends nach dem Wickeln weinte sie nur noch mehr. Räuber Oskar und seine Frau Erna wiegten die kleine Ava stundenlang in den Armen – und wenn der Morgen kam und Ava endlich eingeschlafen war, hatten sie nicht ein einziges Goldstück geraubt.

So ging es wochenlang. »Frau, wir müssen auf Diebestour gehen«, klagte Oskar. »Sonst haben wir bald nichts mehr zu beißen.«

»Ja, aber wie können wir fortgehen, wenn unsere Kleine so weint?«, antwortete seine Frau.

»Weißt du was, Erna?«, schlug Räuberhauptmann Oskar vor. »Wir nehmen die Kleine einfach mit. Dann kann sie gleich lernen, wie das Räuberhandwerk funktioniert.«

Die Räuberfrau war einverstanden. Sie nahm ein großes Tuch und band sich Ava damit auf den Rücken. Zu dritt schlichen sie nun durch die Nacht, und Ava blickte neugierig um sich und war so erstaunt, den Wald und seine Schatten zu sehen, dass sie das Weinen ganz vergaß.

Vor einer mannshohen Mauer blieb die Räuberfamilie stehen. Sie gehörte zu einem großen Haus. »Hier gibt es sicher Goldtaler in Hülle und Fülle«, sagte Räuberhauptmann Oskar fröhlich. »Wir müssen sie uns nur holen.« Er kletterte auf die Mauer und beugte sich nach unten. »Gib mir die

Kleine«, forderte er Erna auf. Sie reichte ihm das Baby, und er nahm es in den Arm. »So, Frau, nun kannst du hinterherklettern!«

Erna stieg auf die Mauer, und dann sprangen sie auf den gepflegten Rasen, der zum prächtigen Garten des Anwesens gehörte. Rosenduft war in der Luft, und Erna ging zu den Büschen und atmete tief den wunderbaren Duft ein. Sie liebte Pflanzen über alles und hatte sogar vor der Räuberhöhle einen kleinen Garten angelegt.

Aber jetzt mussten sie in das Haus hinein und herausfinden, wo der Besitzer seine Geldtruhe versteckt hatte. Die kleine Ava, die inzwischen eingeschlafen war, legte Oskar auf eine gepolsterte Gartenliege. »Wir lassen unsere Kleine hier«, flüsterte er, »und holen sie auf dem Rückweg wieder ab.«

»So machen wir es.« Erna nickte, und dann stapften sie über den Rasen. Sie schlichen um das Haus herum, zwängten sich durch ein Fenster und suchten nach dem Geld. Sie suchten im Wohnzimmer, sie suchten im Schreibzimmer, sie suchten überall. Aber sie fanden nicht einen einzigen Taler.

Stattdessen stolperte Oskar über eine Vase. Sie schepperte so laut zu Boden, dass die Bewohner davon erwachten. Erna sah, wie am Ende des Flurs Licht anging, und so schnell es nur ging, flohen die Räuber, rannten über den Rasen, sprangen über die Mauer und liefen zurück in den Wald. »Halt!«, keuchte Erna, als sie den Eingang zu ihrer Räuberhöhle fast erreicht hatten. »Wir haben etwas ganz Wichtiges vergessen!«

»Was sollten wir denn vergessen haben?«, fragte Oskar außer Atem. Doch im selben Moment fiel es ihm ein, und er schlug sich gegen die Stirn. »Ich Esel!«, rief er. »Unsere kleine Tochter liegt immer noch auf der Gartenliege!«

»Wir müssen sie sofort holen!«, sagte Erna, und ihr Mann

nickte, und dann trabten sie den ganzen Weg, so schnell sie konnten, zurück. Räuberhauptmann Oskar machte für seine Frau die Räuberleiter, und sie schwang sich über die Mauer. Oskar kletterte hinterher. Vorsichtig pirschten sie zur Liege. Aber dann wurden sie blass, denn die Liege war – leer!

»Ogottogott!«, rief Erna, und Oskar nahm ihre Hand. »Wir müssen im Haus nachfragen, vielleicht hat man sie gefunden.«

Das Räuberpaar klopfte an die Haustür. Eine Dame, mit der kleinen Ava im Arm, öffnete ihnen. »Ja, bitte?«, fragte sie.

»Verzeihung«, sagte Räuberhauptmann Oskar höflich und zeigte auf Ava. »Aber das da ist unser Kind, wir haben sie nur vorhin liegen lassen, als wir die Goldtaler stehl…« In diesem Moment spürte er einen Tritt gegen sein Schienbein.

»Aha«, sagte der Herr des Hauses, der neben seine Frau getreten war. »Wir hatten so gehofft, die Kleine wäre ein Findelkind«, sagte die Dame. Aber als Ava ihre Eltern sah, streckte sie ihre Arme nach ihnen aus.

»Mein Mädchen!«, rief Oskar. »Wir bringen dich jetzt nach Hause in unsere Räuberhöh…« Wieder spürte er einen Tritt gegen sein Schienbein. »Soso«, sagte der Herr. »Jetzt verstehe ich, weshalb die Kleine so verlaust ist.«

»Pfff«, machte Erna. »Auch nicht verlauster als Ihre Rosen, und die haben übrigens auch noch Mehltau.«

»Ach, Sie sind Blumenexpertin?«, fragte die Dame interessiert. »Ich hätte da eine Idee.«

Und dann bot sie dem Räuberpaar eine Stelle als Gärtner-
paar an, aber nur, wenn sie und ihr Mann gelegentlich auf
die Kleine aufpassen durften. Das Räuberpaar nahm das
Angebot an, und wenn Ava wieder einmal nicht schlafen
konnte und ihre Eltern gerade die Kirschen ernteten, dann
trösteten die Dame und der Herr die Kleine. Ava wuchs und
gedieh, und weder sie noch eine der Rosen hatte jemals
wieder auch nur die kleinste Laus.

Chaosfee Camilla

Heute ist Camillas erster Tag im Vorratshaus. Die
kleine Fee soll allen Feen, die dort arbeiten, ein wenig
helfen. Camilla ist sehr aufgeregt, denn so eine wichtige
Aufgabe durfte sie bisher noch nie übernehmen.

Frau Sonnenstrahl, die oberste Pollenfee, begrüßt sie.
»Schön, dass du da bist und uns hilfst. Heute sollst du ver-
schiedene Dinge ausliefern. Meinst du, du schaffst das?«

»Natürlich!«, ruft Camilla. »Ich bin ja keine Babyfee mehr.«

Frau Sonnenstrahl öffnet einen Raum. »Hier lagern wir die
Vorräte an Feenstaub.« Dann zeigt sie auf zwei weitere
Türen. »Die Tür links führt zum Honigbecken.
Wenn du Honig brauchst, schöpfst du ihn
mit einem Becher ab. Und rechts ist der
Pollen-Vorratsraum.«

»Alles klar«, sagt Camilla.

Frau Sonnenstrahl guckt auf eine Liste. »Zuerst bringst du

einen Eimer Honig zu den Bonbondrehern. Zweiter Stock, dritte Tür links. Auf dem Rückweg nimmst du bitte eine Schüssel Rosenblüten mit, die sind im Blumenzimmer, erster Stock, vierte Tür rechts.«

»Zweiter Stock, dritte links. Erster Stock, vierte rechts«, murmelt Camilla vor sich hin, als sie im Tiefflug durchs Treppenhaus saust. Der Honig schwappt im Eimer hin und her. Im zweiten Stock bleibt sie stehen. Dritte Tür links. Hier gibt es so wahnsinnig viele Türen! Und wo ist links? Schnell schwirrt sie wieder ins Erdgeschoss.

»Frau Sonnenstrahl … äh … es tut mir leid, aber welche Seite ist noch mal links?«

»Ganz einfach«, sagt Frau Sonnenstrahl. »Links ist da, wo der Daumen rechts ist.«

»Danke!« Camilla flitzt nach oben. Und steht wieder auf dem Gang. Links ist da, wo der Daumen rechts ist.

Sie starrt auf ihre Hände. Die Daumen sitzen tatsächlich an unterschiedlichen Seiten! Aber welche ist welche?

»Ich probiere es einfach!« Sie schaut in beide Richtungen. »Da drüben sieht es irgendwie mehr nach links aus!«

Mit Schwung reißt sie die dritte Tür auf. »Hier kommt der Honig!«

»Tür zu!«, rufen die beiden Feen, die am Tisch feine Papierfiguren ausschneiden. Der Wind hat etliche in die Luft gewirbelt. »Wir haben keinen Honig bestellt!«

»Seid ihr nicht die Bonbondreher? Dritte Tür links?«, fragt Camilla.

»Sieht das hier aus wie Bonbons?« Eine der Feen hält die Figuren hoch. »Wir sind die Papierschneider, dritte Tür rechts.«

»Oh! Entschuldigung.« Vorsichtig schließt Camilla die Tür und versucht auf der anderen Seite ihr Glück. Dort sitzen tatsächlich die Bonbondreher, die schon sehnsüchtig auf den Honig gewartet haben.

»Und jetzt erster Stock, vierte Tür rechts, Blumenzimmer«, sagt Camilla zu sich selbst, als sie durchs Treppenhaus flitzt. Sie stürmt in den Flur, überlegt kurz und öffnet die vierte Tür. »Ich soll die Rosenblüten für Frau Sonnenstrahl abholen.«

»Rosenblüten habe ich nicht«, sagt die Fee am Tisch lächelnd. »Aber einen Pollenlutscher kann ich dir geben. Ich bin Polina, die Pollenfee.«

»Danke.« Camilla nimmt den Lutscher und steckt ihn in den Mund. »Hier ist also nicht das Blumenzimmer? Oh nein, ich glaube, ich bin schon wieder falsch abgebogen.«

»Ist doch nicht schlimm, das passiert am Anfang jedem hier«, sagt Polina. »Komm, ich zeige dir das Blumenzimmer.« Sie begleitet Camilla den Gang entlang und öffnet die richtige Tür. »Vierte rechts, das kann man gar nicht verfehlen.«

»Mmmmhmmm«, murmelt Camilla. »Eigentlich …«

131

Sie nimmt einen Korb mit Blüten. »Vielen Dank für die Hilfe.«

»Gerne«, sagt Polina. »Wenn du Fragen hast, kannst du jederzeit zu mir kommen.«

Sie schließt ihre Tür hinter sich, und Camilla bringt den Korb nach unten.

»Warum hast du so lange gebraucht?«, fragt Frau Sonnenstrahl.

»Ich hab mich ein bisschen verlaufen«, sagt Camilla. »Aber jetzt finde ich mich zurecht.«

»Das ist gut.« Frau Sonnenstrahl drückt ihr einen Stapel Papier in die Hand, gelbe, blaue und grüne Blätter. »Das muss ganz schnell zu den Papierschneidern.«

»Zweiter Stock?«, fragt Camilla.

»Zweiter Stock, dritte Tür rechts«, bestätigt Frau Sonnenstrahl.

Camilla flitzt los. Diesmal wird sie nicht wieder rechts und links verwechseln! Dritte Tür rechts! Rechts. Rechts. Rechts. Sie stürmt in den Flur, biegt ab – nach rechts, da ist sie ganz sicher – und poltert ohne anzuklopfen in den Raum.

»Huch!«

Ungebremst stolpert sie vorwärts in ein Becken voller Pollen. Eine gewaltige Pollenwolke steigt auf. »Hatschi!«

»Was ist denn hier los?« Polina streckt den Kopf zur Tür herein. »Du schon wieder. Was machst du im Pollenbecken?«

»Papier liefern«, murmelt Camilla und steigt aus den Pollen.

Sie ist von Kopf bis Fuß eingestaubt. Zum Glück ist das Papier nicht ins Becken gefallen. »Hatschi!«

Polina hilft ihr, den Pollenstaub abzuklopfen. »Hast du dich wieder in der Tür geirrt?«

Camilla nickt. »Nicht nur das. Wenn hier die Pollen sind, bin ich ja im ersten Stock, also ganz falsch. Ich habe mich so auf die richtige Richtung konzentriert, dass ich nicht auf die Etage geachtet habe.«

»Ich habe eine Idee!« Polina verschwindet in ihrem Zimmer und kommt kurz darauf mit einem Bündel Stoffstreifen sowie Nadel und Faden zurück. »Pass auf.«

Sie bindet einen roten Streifen um Camillas rechtes Handgelenk, einen lilafarbenen um das linke.

»Siehst du? Rot für rechts und lila für links. Jetzt kannst du dich nicht mehr vertun.«

»Oh, danke!« Camilla fällt Polina um den Hals. »Ab sofort werde ich mich nie mehr verirren und bin die schnellste Helferin im Haus!«

Dreißig blaue Fingerchen

Es war ein kühler Herbsttag, als Clara den langen, großen Karton vor der Haustür entdeckte.

»Mama, darf ich den Karton zum Spielen haben?«, rief sie durch das geöffnete Küchenfenster.

Claras Mama war einverstanden, also holte sie sich ein Messer, bunte Pappe, Klebefilm und jede Menge Alufolie. Sie ritzte eine Tür und ein kleines rundes Fenster in den Karton, baute oben eine Spitze an und wickelte viermal Alufolie um das ganze Kunstwerk. Dann schnitt sie bunte Sterne aus der Pappe und klebte sie auf die Folie. Sie arbeitete den ganzen Nachmittag. Als die Sonne unterging, stand eine prächtige Rakete auf dem Rasen. Clara war zufrieden.

»Ich bin noch mal kurz weg«, rief sie ihrer Mama zu.

»In Ordnung, aber sei zum Abendessen zurück«, hörte sie ihre Mutter antworten.

Clara setzte ihren Fahrradhelm auf und zog drei Jacken und drei warme Hosen übereinander, dicke Winterstiefel, zwei Mützen und zwei Paar Handschuhe. Schließlich ist es im Weltraum eiskalt, das weiß doch jedes Kind. Sie hängte sich das kleine Fernglas um den Hals und stellte sich in ihre silberglänzende Rakete. Dann zählte sie rückwärts:

»Zehn, neun, acht, sieben, sechs, fünf, vier, drei, zwei, eins – Start!«

Es gab ein gewaltiges Zischen. Danach donnerte es, und die Rosen im Vorgarten erzitterten, als die Rakete in einer riesigen Rauchwolke verschwand. Es ist ein weiter Weg bis zu den Sternen, das wusste Clara. Also sang sie viermal *Hänschen klein*, und achtmal *Alle meine Entchen*. Durch ihr kleines, rundes Fenster konnte sie derweil ins Weltall hinaussehen. Dunkel war es, doch die Sterne blinkten hell. Noch zweimal *Kuckuck, ruft's aus dem Wald*, dann landete die Rakete mit einem kräftigen RUMS.

Neugierig stieg Clara aus. Sie war auf einem Stern gelandet! Er war nicht viel größer als ihr Wohnhaus, glänzte aber natürlich viel goldener. Spitz ragten seine Zacken zu allen Seiten.

»Hallo, ist da jemand?«, rief Clara. Sie sah sich um.

Hinter einem der Zacken entdeckte sie etwas Blaues. »Kommt doch her, habt keine Angst!«, sagte Clara freundlich.

Langsam und vorsichtig tapsten drei kleine Sternenkinder näher. Die kleinen Sternenkronen auf ihren blauen Köpfen leuchteten.

»Du bist aber mutig«, meinte das größte der Sternenkinder.

»Warum?«, fragte Clara überrascht.

»Weil du dich traust, zu den Sternen zu fliegen. Ich würd' mich das nie trauen.«

Clara lachte. »Aber du wohnst doch schon auf einem Stern.«

»Ja, das stimmt.« Das blaue Wesen nickte. »Aber ich würde mich niemals auf die Erde trauen.«

»Weshalb?«, wollte Clara wissen.

»Ihr seid so viele da unten. Und so groß. Vielleicht mögt ihr uns ja nicht«, sagte das Sternenkind verlegen.

Clara überlegte. »Doch, ich mag euch. Und wir sind auch alle ganz nett«, fand sie.

Da kicherten die kleinen blauen Wesen. Sie liefen davon und kehrten bald mit einer großen Decke und vier dampfenden Bechern zurück. Clara nahm einen Becher und setzte sich auf die Decke. Sie schnupperte. »Was ist denn das?«

»Ein Sternentrank mit Milch aus der Milchstraße und Sternenstaub«, erklärte das kleinste Sternenkind.

Der Trank glitzerte. Clara probierte einen Schluck. »Wie lecker!«, staunte sie.

Die Sternenkinder freuten sich. Dann sprudelten sie los: »Wie ist es auf der Erde? Warum gibt es kleine und große Menschen? Was ist das viele Blau, das man von hier oben sieht?« Sie fragten und fragten und fragten. Clara konnte kaum schnell genug antworten. Sie wusste auch nicht alles.

Schließlich meinte sie: »Ihr müsst mich einmal besuchen kommen. Meine Eltern kennen sich ziemlich gut mit allen Dingen aus. Die könnten wir fragen.«

Die Sternenkinder jubelten. Als Clara ihren

Becher leer getrunken hatte, stand sie auf. »Vielen Dank«, sagte sie. »Nun muss ich zurück, meine Mama wartet mit dem Abendessen auf mich.« Sie nahm das Fernglas ab und reichte es dem mittleren Sternenkind. »Hiermit könnt ihr zu mir hinunterschauen. Bergstraße eins in Amseldorf. Wenn ihr mich besucht, denkt an einen Hitzeschild für die Rakete. Und achtet auf die Rosen in unserem Vorgarten, die sind Mamas größter Stolz.«

Die drei Sternenkinder reichten ihr artig die Hand. Clara schüttelte die kleinen blauen Finger und stieg dann in ihre Rakete. Wieder zählte sie rückwärts:

»Zehn, neun, acht, sieben, sechs, fünf, vier, drei, zwei, eins – Start!«

Es gab ein gewaltiges Zischen. Dann donnerte es, und die blauen Sternenkinder schwankten, als die Rakete in einer riesigen Rauchwolke verschwand.

Zum Glück hatte Clara das mit dem Hitzeschild im Fernsehen gesehen, denn als sie sich der Erde näherte, merkte sie, wie heiß die Rakete wurde. Aber sie hatte ja sehr viel Alufolie benutzt – und das reichte zum Glück. Mit einem schwungvollen RUMS landete sie im Vorgarten – ohne dass die Rosen zu viel zitterten.

»Clara, kommst du jetzt bitte endlich?«, rief Claras Mama und beugte sich aus dem Fenster zu ihr hinaus. »Meine Güte, was hast du denn mit dem Karton gemacht? Er riecht ganz verkohlt!«

Clara grinste, als sie aus der Rakete kroch und die nun

schwarze Alufolie ansah. »Ja, das kann passieren.« Sie nahm den Fahrradhelm ab und ging die Stufen ins Haus hinauf, um Mamas warmen Kakao zu trinken – der schmeckte nämlich genauso gut wie Sternentrank. Mindestens.

Quellenverzeichnis

Arold, Marliese
Eine Wassernixe namens Annabella
Von dem Schäfchen, das nicht mehr über den Zaun springen wollte
Ein langer, langer Schlaf
Von Gähnchen und kleinen Müdis
Aus: *Drei-Fünf-Acht-Minutengeschichten zur guten Nacht*
Illustrationen von Stéffie Becker
© 2015 ellermann im Dressler Verlag GmbH, Hamburg

Breitenöder, Julia
Prinzessinnen-Spezialführung
Chaosfee Camilla
Der Feen-Propeller
Hilfe für die Schnullerfee
Aus: *Drei-Fünf-Acht-Minutengeschichten für Feen und Prinzessinnen*
Illustrationen von Naeko Walter
© 2016 ellermann im Dressler Verlag GmbH, Hamburg

Grimm, Sandra
Die unglaubliche Mondreise
Hinterm Stadtparksee rechts
Dreißig blaue Fingerchen
Aus: *Drei-Fünf-Acht-Minutengeschichten für kleine Abenteurer*
Illustrationen von Barbara Korthues
© 2014 ellermann im Dressler Verlag GmbH, Hamburg